中国少数民族会话读本

国家社科基金重大委托项目
《中国少数民族语言文化研究》成果

中国社会科学院创新工程学术出版资助项目

朝 克／主编

# 土族语
# 366句会话句

少数民族语
汉英日俄

对照

K.D.布日古德／著

社会科学文献出版社
SOCIAL SCIENCES ACADEMIC PRESS (CHINA)

# 总　序

我国正处在文化大发展、大繁荣的美好时期。十七届六中全会上，以全会名义提出文化事业繁荣发展的纲领性指示精神。这为我国文化事业的发展奠定了雄厚的思想理论基础，并指明了未来很长一段时期内文化事业科学发展的总路线。我们必须不失时机地紧紧抓住文化事业发展的大好机会，为我国古老文明的挖掘、整理、抢救、保护、传承和繁荣发展作出新的贡献，为我国的文化事业增添新的光彩、新的辉煌。我国是一个由多民族组成的和谐文明的国家，在这个大家庭里，各民族同胞互相尊重、和谐相处、相互学习、取长补短、共同努力、团结共进，用他们共同的劳动和智慧建设着美好的家园。

不过，我们同时也深刻感受到，在科学技术日益普及，经济社会快速发展，以及不同外来语言文化的直接或间接影响下，我国各民族的语言文化正不断走向濒危

或严重濒危。一些人口较少民族的语言，只有极其少数的传承人会讲、能懂、会用，而绝大部分人已经不再使用或不太熟悉了。在这关键时刻，我国政府高瞻远瞩地明确提出，要用最大的努力使不同民族的语言文化共同繁荣发展，要不惜代价地抢救和保护那些已经进入濒危或严重濒危状态的民族语言文化。这也是我们决定实施本项课题的初衷所在。

我们想通过本项课题，将我国55个少数民族的366句口语用特定符号系统转写下来，同时用汉语、英语、俄语、日语进行意译。这是为了：（1）让更多的人参与到对我国民族语言文化的抢救、保护、学习、传承的伟大事业中来；（2）抢救和保护濒危民族语言口语及其话语资料、口语历史文献等；（3）尽量对外传播我国55个少数民族语言口语及其会话知识。

但愿我们的这项工程能为我国民族语言文化的抢救、保护、传承、弘扬，为迎来我国各民族语言文化大繁荣大发展的美好时代起到积极的推动作用。

# Preface

Now, China is in a time of cultural development and flourishing. In the Sixth Plenary Session of 17th CPC Central Committee, the programmatic instructions for cultural development were put forward. This laid a strong ideological and theoretical foundation for China's cultural development, and also marked its direction. We must grasp firmly this excellent opportunity for cultural development and do something to contribute toward the excavation, sorting, rescue, protection, transmission and development of China's advanced culture and ancient civilization. China is an ancient civilization where many ethnic groups coexist harmoniously. In China, members of all ethnic groups respect one another, get along harmoniously, learn from one another, and work together in unity in order to build a beautiful country.

However, we can see that our nation's linguistic culture

is constantly facing dangers, under the direct and indirect influences of the growing role of science and technology in everyday life, rapid economic and social development, and a variety of foreign languages and culture. For the language and culture of minority nationalities with very small population, only a few people can speak and understand them. Most people can't speak their ethnic language or have become less familiar with it. At this critical moment, the government has asked us to make the efforts to accomplish the flourishing and development of all different ethnic languages and their cultures at all costs, and to save and protect our ethnic languages and cultures. This is the reason why we implemented this project.

The purpose of this project is to put together 366 sentences used in everyday conversation in 55 ethnic minority languages by recording them using specific symbolic systems. We then translate them into Chinese, English, Russian and Japanese. This is to: (1) allow more people to participate in the rescue and protection of our nation's ethnic languages and cultures, and to learn and inherit them; (2) rescue and protect our nation's ethnic languages, oral materials pertaining to their spoken form and oral historical documents, especially the critically endangered ethnic languages; (3) strengthen as far as possible the international communication about China's 55 minority ethnic languages in their spoken form and knowledge about their dialogues.

We hope that this project can play an active role in the process of rescuing, protecting, developing and enriching our nation's ethnic language and culture. And we hope the project will help usher in a new era of shared flourishing of all of our nation's ethnic languages and cultures.

# Предисловие

В данный момент наша страна встречает своё самое хорошее время, когда быстро развивается и процветается наша национальная культура. На 6 – м пленуме ЦК КПК 17 созыва выдвинулся программый курс на развитие и процветание культуры нашей страны, который заложил теоретическую основу и генеральную политику развития культуры Китая в будущем перспективном времени. Мы должны хорошо пользоваться таким случаем и всеми силами искать, упорядочить, спасать, защищать и наследовать китайскую цивилизацию и внести новый вклад в культурное дело нашей страны.

Наша страна – это древнее и многонациональное государство, в котором все национальности, как в одной семье, уважают друг другу, учатся друг другу, перенимают положительно друг у друга, дружно живут и работают, совместно строят свою прекрасную Родину.

В то же время мы и глубоко сознаем, что попав под влиянием глобазации во областях экономики и научно – техники всеобщее состояние языковой культуры нацменьшинств нашей страны очень печальное и беспокойное, она даже идёт на краю гибели. Сейчас только мало людей из нацменьшинств умеет говорить, понимать, использовать свой национальный язык. А большество нацменовских людей уже не говорят или не могут хорошо знать своего национального языка. Наше правительство на это обращает большое внимание и решает изо всех сил стараться спасти и защитить нацменовские языки и нацменовскую культуру нашей страны. Вот почему мы решили взяться за такую задачу – редактирование серию книг 《366 фраз диалогических речей по 55 национальностям Китая》.

Редактируя ряда таких книг, мы хотим, чтобы побольше людей могли участвовать в дело спасения, изучения, наследования и защиты национальных языков, чтобы спасти и защитить разговорный язык и письменные документы национальных культур, которые уже на краю гибели, чтобы широко распространять диалогических речей и языковые знания по 55 национальностям Китая.

Надеемся на то, что наша работа сможет принести большую пользу в наследование и защиту национальных языковых культур нашей страны. Мы верим, что уже приходит новая эпоха процветания национальных языковых культур нашей страны.

# はしがき

　私達の国は、今、文化が大きく発展しつつあり、政府も、中国共産党第十六回大会第七次全体会議において、文化事業の発展に関する幾つかの方針を示したが、それは、今後の発展の思想的、理論的基礎を固めただけでなく、将来の科学的発展の路線を示すものでもあった。したがってこれを契機に、私達の国の文化および古代文明の発掘、整理、保護、伝承に関する事業は、新たな輝かしい成果を得ると考えて良いだろう。

　私達の国は、多民族が調和の中に暮らす文明大国である。各民族が互いを尊重し、友好的に接し、互いに学び、共に努力し、一致団結のもと、協働と共同の知恵によって、美しいホームランドを形づくっているのである。

　しかしその一方、現代の科学技術の普及や経済発展、様々な外来言語文化の直接？間接の影響などによっ

て、各民族の伝統的な言語文化が、深刻な存続の危機に瀕しているのも事実である。特に、人口の少ない一部の少数民族にあっては、自分達の伝統文化や言語を解する人が、極めて少人数になっている。このような現状に鑑み、私達の国は、自国の将来を見据え、最大の努力を尽くして各民族の言語文化を発展させること、また多大な代償をはらっても、深刻な存続の危機に陥っている言語文化を保護することを明確に示した。そしてこれは、私達がこのプロジェクトを実施する上での初志であると同時に、目的でもあるのである。

　プロジェクトを通じて、私達は366句の会話を、各55の少数民族の特定された記号システムによって転写し、その上に中国語、英語、ロシア語、日本語の訳文を付した。その目的は、(1) 大勢の人々に対し、我国民族言語文化の保護、学習、伝承事業への参加を促すため、(2) 深刻な存続危機に瀕している民族言語の口語資料、口語歴史文献などを保護するため、そして(3) 出来る限り我国55の少数民族の口語と会話資料を、対外的に広め、伝えるためである。

　このプロジェクトが、私達の国の民族言語文化の保護、発展、繁栄を促し、さらなる発展に寄与し、素晴らしい時代を迎える力になることを願ってやまない。

# 目　录

前　言 ·················································· 1
凡　例 ·················································· 4
土族语语音系统 ········································· 5
土族语366句会话句 ····································· 1
　（一）saini yuu
　　　（问候/Greetings/Приветствие/挨拶）········ 1
　（二）kudu baidal
　　　（家庭情况/Family/Семья/家庭）············· 17
　（三）hool uqigu
　　　（餐饮/Food and Drink/Поставка/飲食）······ 22
　（四）surghaal
　　　（学校/School/Школа/学校）················· 33
　（五）lisge
　　　（工作/Work/Работа/仕事）·················· 44
　（六）saar，jotong
　　　（时间、交通/Time and Transportation/
　　　Время、Коммуникация/時間、交通）········· 53

— 1 —

（七）dur

（天气/Weather/Погода/天気） ············· 60

（八）denhua baghaya

（打电话/Phone Call/Позвонить/電話をかける） ··· 65

（九）dura

（兴趣/Hobbies/Вкус/趣味） ············· 69

（十）urog，qimsang

（婚姻、家庭/Marriage & Family/Брак и Семья/

結婚、家庭） ······························ 74

（十一）yiyuan

（医院/Hospital/Больница/病院） ············ 85

（十二）dongxi awu

（购物/Shopping/Покупка/買い物） ············ 98

（十三）zichang

（机场/At the Airport/Аэропорт/空港） ········ 109

（十四）binguan

（宾馆/Hotel/Гостиница/ホテル） ············ 122

（十五）luyu

（旅游/Travel/Туризм/旅行） ··············· 136

土族语基础词汇300例 ············ 147

土族节日 ············ 168

后　语 ············ 170

# 前　言

土族是我国西北地区少数民族之一，主要分布在青海、甘肃两省。土族人口约有289565人（2010年），其中，约77％的人口居住在青海省互助土族自治县、民和回族土族自治县、大通回族土族自治县、同仁县、乐都县。其余大多居住在甘肃省天祝、永登、临夏等地。

土族人自称"蒙古勒"（mongghol，即蒙古）或"察干蒙古勒（chighan mongghuol，意为白蒙古）。藏族称土族为霍尔（Dchiahour），蒙古族称土族为"朵朵"（dodo，即鞑靼），有时也称"达尔达"（Daldi 或 Dolot）。汉族、回族则称为"土人""土民"等。新中国成立后，经过民族识别，该民族名称统一为"土族"。

20世纪20年代，传教士、蒙古语言学家田清波（A. Mostaert）与斯迈德（A. de Smedt）等人研究土族语时，根据纳仁郭勒（Naringol）方言的语音特点，把土族记录为"蒙古尔"（mongghuor），之后，学术界一

直沿用"蒙古尔"这一名称。学术著作中通常写为Mongguor（英、德、法）、Монгор（俄、蒙）、Mongghor（蒙）、蒙古尔（汉）、モングォル（日）。

关于土族的来源，学术界还没有定论，大体有三种不同的说法。一是，蒙古人与霍尔人融合说；二是，吐谷浑说；三是，阴山白鞑靼说。总而言之，土族有着古代民族的基础，同时与蒙古族关系密切。在互助土族自治县，广泛流传着祖先为蒙古人，即由成吉思汗属将格日利特（格热台）率部留驻今互助一带，以后与当地霍尔人通婚，逐渐繁衍而成土族的传说。

土族普遍信仰藏传佛教，由于受汉族影响，还信奉关帝、二郎神、家神、灶神、门神、财神、菩萨等。

土族语属阿尔泰语系蒙古语族语言，分互助、民和两大方言。此外，有些学者把同仁方言作为土族语的第三大方言来看待，但也有人把同仁方言视为保安语的一大方言。互助方言与民和方言差异较大，主要表现在：（1）有无对应长短元音；（2）辅音音位有所不同；（3）词首音节元音脱漏程度不同；（4）来源于汉语和藏语的借词数量不同。互助方言内又分哈拉直沟、红崖子沟、纳仁郭勒、大通四种次方言，这四种次方言差异不大，能够相互沟通。

土族语的基本词汇和蒙古语相同或相近，同时也吸

收了大量的来自汉语和藏语的借词。过去土族只有语言，没有文字。1979年，青海省有关部门制定了以拉丁字母为基础（26个字母），以汉语拼音为字母形式的文字，现试行推广。

本书主要依据互助方言的语音、词汇、语法特征，参考角道正佳《土族语词汇集》（日本大阪大学，2012）与清格尔泰《土族语话语材料》（内蒙古人民出版社，1988）以及笔者对土族母语者李桂英（女，20岁，青海省互助土族自治县东山乡寺尔一社人）的发音调查资料，并在角道正佳教授的指导下整理编写了土族语日常会话366句。

# 凡 例

一、本书主要依据土族语互助方言的语音转写记录。

二、有些句子在不可直译的情况下，主要按照土族语的习惯说法进行表述。

三、有些土族语里没有的词汇，直接借用了汉语、蒙语、英语及俄语等语言。

四、为了能够更清楚地了解该土族语的语顺和用语习惯，在每条转写的句子下面均附有汉文直译句。无法直译的单词，未附其汉文直译。

五、句子中需要轻读的音，均纳入括号。

# 土族语语音系统

一、元音：元音有长元音、短元音和复元音。

1. 短元音：i, e, a, o, u。
2. 长元音：ii, ee, aa, oo, uu。

二、辅音[①]：p, t, k, kh; b, d, g, gh; m, n, ng; r, l; w, y; f, s, sh, x, h; z, zh, j; c, ch, q。

---

[①] 根据 Sttefan Georg and Keith W. Slater, *The Mongolic Languages*, Edited by JuhaJanhunen, London : Routledge. 2003. pp. 286-324。本书使用简化音标。

# 土族语366句会话句

## （一）saini yuu
### 问　候
### Greetings
### Приветствие
### 挨　拶

1. qi saini yuu?
   你 好 吗

   你好吗？
   How are you?
   Как дела?
   お元気ですか?

2. bu sain huɡhui!
   我  好   很

   我很好！
   （I'm）Very well, thanks.
   Хорошо!
   元気です。

3. qinu buye saini yuu?
   你的 身体 好  吗

   你身体好吗？
   How are you feeling today?
   Как здоровье?
   あなたの体調はいかがですか？

4. darong zhunlana.
   还      可以

   还可以！
   I'm fine.
   Нормально.
   まあまあです。

5. munu buye ixi sain gua.
   我的 身体 太 好 不

   我身体不太好。

   I'm not feeling well.

   Неважно.

   私の体調はあまりよくありません。

6. shdeqi saini yuu?
   早晨 好 吗

   早晨好!

   Good morning!

   Доброе утро!

   おはようございます。

7. xulong saini yuu?
   晚上 好 吗

   晚上好!

   Good evening!

   Добрый вечер!

   今晩は。

8. qi niudur malang mangsi yuu?
   你　最　　近　　忙　吗

   你最近忙吗？

   Have you been very busy?

   Ты занят?

   最近お忙しいですか？

9. bu ixi mangsi gui.
   我　太　忙　　不

   我不太忙。

   I have not been very busy.

   Не очень занят.

   あまり忙しくないです。

10. bu mangsi hughui ii.
    我　忙　　　很

    我很忙。

    Oh, pretty busy.

    Занят.

    私は大変忙しいです。

11. qimei tanisa beesina.
    你　　认识　　高兴

   认识你很高兴。
   Nice to meet you!
   Рад с вами познакомиться.
   お会いできてとても嬉しいです。

12. loosolawa.
    谢谢

   谢谢你。
   Thanks.
   Спасибо!
   ありがとうございます。

13. huinoxi sɡeya.
    再　　　见

   再见!
   Goodbye!(See you!)
   До свидания!
   さようなら。

14. xulong ntiraa.
　　夜晚　　睡

　　晚安！
　　Good night!
　　Спокойной ночи!
　　おやすみなさい。

15. uro re uro re.
　　进 来 进 来

　　欢迎你。
　　Welcome!
　　Приветствую вас!
　　ようこそ。

16. tasge moo（r）dure jighaa（r）yau!
　　你们　　路上　　　慢　　走

　　路上慢走。
　　Take care!（Come back and see us again!）
　　Счастливого пути.
　　お気をつけて。

17. qi bosi uu?
    你 起了 吗

　　你起床了吗？

　　Are you up yet?

　　Ты встал?

　　起きましたか？

18. bu darong bosiji gui.
    我　还　起　没

　　我还没起床。

　　Not yet.

　　Я ещё в кровати.

　　まだ起きていません。

19. bu kujaa bosiwa.
    我 已经 起了

　　我已经起床了。

　　Yes, I am.

　　Я уже встал.

　　私はもう起きました。

20. qi qigu（xu）long ntiraasan ni saini yuu?
    你    昨        晚   睡   好  吗

   你昨晚睡得好吗?
   Did you sleep well last night?
   Как вам спалось вчера вечером?
   昨日の夜、よく眠れましたか?

21. qinu nire yaan ii?
    你  名字 什么 是

   你叫什么名字?
   What's your name, please?
   Как тебя зовут?
   お名前は何ですか?

22. bu   × × ni.
    我是  × ×

   我叫××。
   My name is ...
   Меня зовут ××.
   お名前は何ですか?

23. qi xing yaan ii?
 你 姓 什么 是

 你贵姓?(你姓什么?)
 What is your surname?
 Какая ваша фамилия?
 あなたの苗字は何ですか?

24. bu xing ××.
 我 姓 ××

 我姓××。
 My surname is ...
 Моя фамилия ××.
 私の苗字は××です。

25. qi nirenaa juuridulaa xingnaa juurinii yuu?
 你 名字 写时 姓 写 吗

 你写名字时写姓吗?
 Do you include your surname in your signature?
 А ты пишешь имя вместе с фамилией?
 あなたは名前を書く時、苗字を書きますか?

26. bu xiŋnaa juurin gui.
　　我　姓　写　不

　　我不写姓。
　　No, I don't.
　　Нет, без фамилии.
　　私は苗字を書きません。

27. budasge idaŋ xiŋnaa juurina.
　　我们　必须　姓　写

　　我们必须写姓。
　　But we have to.
　　А мы обязательно с фамилией.
　　私たちは苗字を必ず書きます。

28. tasge xiŋnaa anjiixi juurinii?
　　你们　姓　哪里　写

　　你们把姓写在哪里？
　　Does your given name or family name come first?
　　Где вы пишите фамилию？
　　あなたたちは苗字をどこに書きますか？

29. nire muxi ni juurina.
　　名字　前面　　写

　　写在名字前面。

　　The family name comes first.

　　Перед именем.

　　名前の前に書きます。

30. qinu　nire　benminzunu ugo yuu?
　　你的 名字　本民族的　语　吗

　　你的名字是本民族语吗?

　　Is your name in your native language?

　　А твое имя на родном языке?

　　あなたの名前は母語の名前ですか?

31. puxii, mune nire hanzu nire ii.
　　不是　我的 名字 汉语 名字 是

　　不是，我是用汉语起的名字。

　　No. My name is in Chinese.

　　Нет, моё имя на китайском языке.

　　いいえ、私は漢語で名前を付けました。

32. nimbii, munu nire benminzunu ugo ii.
    是　　我的　名字　本民族的　　语　是

  是的，我是用母语起的名字。
  Yes, indeed.
  Да, моё имя на родном языке.
  はい、私は母語で名前を付けました。

33. qi anjiigu kun nii?
    你　哪里　人　是

  你是哪里人？
  Where are you from?
  Вы откуда?
  あなたはどこの人ですか？

34. bu Biijing kun ii.
    我　北京　人　是

  我是北京人。
  I'm from Beijing.
  Я пекинец.
  私は北京の出身です。

35. tasgenu kudu uladu yuu?
    你的　家乡　山区　吗

　　你家乡在山区吗?
　　Are you from a mountainous area?
　　Твоя родина в горном районе?
　　あなたの故郷は山村ですか?

36. puxii, munu kudu coyen dure ii.
    不是，我的　家乡　草原　在

　　不是，我家乡在草原。
　　No, I'm from the prairie.
　　Нет, моя родина в степном районе.
　　いいえ、私の故郷は草原です。

37. nimbii, munu kudu ulare ii.
    是，　我的　家　山区　在

　　是的，我家在山区。
　　Yes, I live in the mountains.
　　Да, моя родина находится в горах.
　　はいそうです、私の故郷は山村です。

38. munu kudu chensire ii.
    我的　家　城里　在

　　我家在城里。
　　I live in the city.
　　Моя семья в городе.
　　私の家は都市にあります。

39. tenu kudu nongcunre wa.
    他的　家　农村　在

　　他家在乡村。
　　He lives in the country.
　　Его семья в селе.
　　私の家は農村にいあります。

40. qi nasi kidi ii?
    你 岁数 多大 了

　　你多大岁数了?
　　How old are you?
　　Сколько тебе лет?
　　あなたのお年は?

41. bu nehon （nong） haran naiman nii.
    我      今年        十    八    了

   我今年十八岁了。
   I'm 18.
   Мне в этом году уже 18 лет.
   私は今年十八歳になりました。

42. te  darong mulaa wa.
    他   还      年轻

   他还很年轻。
   He's still pretty young.
   Он ещё молод.
   彼はまだ若いです。

43. bu kujaa shdoolija.
    我 已经    老了

   我已经老了。
   I'm not young any more. （I'm getting old.）
   Я уже старый.
   私はもう年です。

**44. shdur nasingadeja.**
　　长　　　　寿

祝您长寿!

I wish you a long life.

Желаю Вам долгих лет жизни.

お元気で。

**45. malang sgeya.**
　　明天　　　见

明天见!

See you tomorrow.

До завтра!

また明日。

## (二) kudu baidal
### 家庭情况
### Family
### Семья
### 家庭

1. ne qinu kudu yuu?
   这 你的 家 吗

   这是你家吗？

   This is your family, isn't it?

   Это твоя семья?

   ここはあなたの家ですか？

2. tanu kudu kidi kun ii?
   你 家 几 人 有

   你家有几口人？

   How many people do you have in your family?

   Сколько человек в твоей семье?

   あなたの家は何人家族ですか？

3. kudu ndaanu aaba ndaanu aama bu ii.
   我家 我的 爸爸 我的 妈妈 我 有

   家里有爸爸、妈妈和我。
   There are three people in my family: my father, my mother, and I.
   В моей семье папа, мама и я.
   家には父と母、そして私がいます。

4. qimu aaja xjun diu wai yuu?
   你 兄 妹 有 吗

   你有兄弟姐妹吗？
   Do you have siblings?
   У тебя есть сестры и братья?
   あなたには兄弟がいますか?

5. bu xjaɢhaar ii.
   我　一人　有

   我是独生子。
   I'm the only child in my family.
   Я один.
   私は一人っ子です。

6. tenu aaba ni kixiuja wa.
   他　爸爸　科学家　是

   他爸爸是科学家。
   His father is a scientist.
   Его папа учёный.
   彼の父親は科学者です。

7. tenu aama ni yifuja wa.
   她　妈妈　艺术家　是

   她妈妈是艺术家。
   Her mother is an artist.
   Её мама художница。
   彼女の母親は芸術家です。

8. tanu kudu darong mundii kun wai yuu?
   你　　家　　还　　其他　　人　有　　吗

   你家里还有其他人吗?

   Do you have any other relatives?

   Кто ещё есть в твоей семье?

   あなたの家にはほかに誰がいますか?

9. ndaanu aadee ndaanu aanee wai.
   我的　　爷爷　　我的　　奶奶　　有

   我有爷爷和奶奶。

   I have a grandfather and a grandmother.

   В моей семье ещё дедушка и бабушка.

   祖父と祖母がいます。

10. tesge igua tuixiula kudu wa.
    他们　都　　退休　　家里　在

    他们都退休在家。

    They have retired.

    Они теперь уже на пенсии.

    彼らは定年退職して家にいます。

11. qi yaan galanii?
 你 什么　 做

 你在做什么？

 Do you work or are you a student?

 Чем ты занимаешься?

 あなたは何をしていますか？

12. bu nige daxiusen ii.
 我 一名 大学生　是

 我是一名大学生。

 I'm in college.

 Я студент.

 私は大学生です。

## (三) hool uqiɡu
## 餐　饮
## Food and Drink
## Поставка
## 飲　食

1. qi  ide  uu?
   你 吃了 吗

   你吃饭了吗？
   Have you had dinner (breakfast or dinner)?
   Ты поел?
   あなたはご飯を食べましたか？

2. aaɡui, bu daronɡ ideji ɡui.
   没有，我　还　　吃　没

   没有，我还没吃饭呢。
   Not yet.
   Нет, я ещё не ел.
   いいえ、私はまだご飯を食べていません。

3. bu kujaa idewa.
   我 已经 吃了

   对，我已经吃过了。
   Yes, I have.
   Да, я уже поел.
   はい、私はもう食べました。

4. qi nangsaa ide uu?
   你 早饭 吃了 吗

   你吃过早餐了吗？
   Have you had breakfast?
   Ты уже позавтракал?
   あなたは朝食を食べましたか？

5. te nangsaa yaan uqija?
   他 早上 什么 吃了

   他早餐吃的什么？
   What did he have for breakfast?
   Что у него было на завтрак?
   彼は朝食に何を食べましたか？

6. aaja idesan ni menbo wa.
   哥哥　　吃　　　　面包

   哥哥吃的面包。

   My elder brother had some bread.

   Брат позавтракал хлебом.

   兄はパンを食べました。

7. mulaa xjun diu nige biz su uqija.
   小　　妹妹　一　杯　牛奶　喝了

   小妹妹喝了一杯牛奶。

   My younger sister had a glass of milk.

   Сестра выпила молоко из стакана.

   妹は牛乳を一杯飲みました。

8. aaba nangsaa yiban kafei uqina.
   爸爸　早餐　一般　咖啡　喝

   爸爸早餐一般都喝咖啡。

   My dad drinks coffee at breakfast.

   Папа обычно пьет кофе на завтрак.

   父は普段朝食にコーヒーを飲みます。

9. te kafeide haudau gua.
   他　咖啡　喜欢　不

   他不喜欢喝咖啡。
   He doesn't like coffee.
   Он не любит пить кофе.
   彼はコーヒーが嫌いです。

10. ndige ide uu?
    鸡蛋　吃了　吗

    吃过鸡蛋了吗？
    Did you have an egg?
    Съел ли ты яйцо？
    卵を食べましたか？

11. tesgenu kudune nangsaa sifan uqina.
    他们　　家　　早上　稀饭　吃

    他们家里早餐喝稀粥。
    His family has porridge for breakfast.
    Дома они едят кашу на завтрак.
    彼らの家では朝食にお粥を食べます。

12. bu dayue haran ghoo（r）denre uqina.
　　我　大约　十　　二　　点　　吃

　　我大约在十二点吃午饭。
　　I have lunch at around 12 o'clock.
　　Я обедаю около в 12 часов утра.
　　私は大体12時頃に昼ご飯を食べます。

13. tasge durgun yaan idenii?
　　你们　午饭　什么　吃

　　你们午饭一般吃什么？
　　What do you usually eat for lunch?
　　Что вы едите на обед?
　　あなたたちはお昼に何を食べますか?

14. durgun jinchang xiloor uqina.
　　午饭　　经常　面条　吃。

　　中午经常吃面条。
　　We often have noodles for lunch.
　　Мы часто едим лапшу на обед.
　　お昼にはよくうどんを食べます。

15. ndaanu xjun diu durgun uqijin ni qoon hughuiwa.
    我的　妹妹　午饭　吃得　少　　很

   我妹妹午饭吃的很少。
   My younger sister doesn't eat a lot at lunch.
   Моя сестра очень мало ест на обед.
   妹はお昼をたくさん食べません。

16. ulon kun durdu kuecan idena.
    许多　人　中午　快餐　吃

   许多人中午吃快餐。
   Many people eat fast food for lunch.
   Многие едят фаст - фуд на обед.
   多くの人はお昼にファストフードを食べます。

17. xulonggu kidi qag dure idenii?
    晚饭　　几　　点　　吃

   晚饭几点钟吃?
   When do you usually have dinner?
   Когда ты ужинаешь?
   何時に夕食を食べますか?

18. xiroo liudendu dure xulonggu idena.
    下午　六点多　　晚饭　吃

    下午六点左右吃晚饭。
    Around six.
    Мы ужинаем около в 6 часов вечера.
    六時頃夕食を食べます。

19. xulonggu mifan ce idejin ni ulonna.
    晚饭　米饭 菜 吃得　　多

    晚餐吃米饭炒菜的时候多。
    We usually have rice and some stir-fried dishes for dinner.
    Мы часто едим рис и жареное на ужин.
    夕食にはご飯と野菜炒めを食べることが多いです。

20. ndaanu aama ce coɡisa ndatin huɡhuiwa.
    我的 妈妈 菜 炒得 好吃 很

    妈妈做菜特别好吃。

    My mother is a brilliant cook.

    Мама очень вкусно готовит.

    母の料理はとてもおいしいです。

21. ndaanu aaja jinchang ɡhadaxi uqina.
    我的 哥哥 经常 外面 吃

    哥哥经常在外面吃饭。

    My brother often eats out.

    Брат часто кушает в ресторанах.

    兄はよく外食します。

22. ndaanu aaga pijudu haudauwa.
    我的 叔叔 啤酒 喜欢

    我叔叔爱喝啤酒。

    My uncle loves beer.

    Мой дядя любит пить пиво.

    叔父はビールが大好きです。

23. te nigiijidu duraasidu haudau gua.
    他　一点　　酒　　喜欢　不

 他一点也不喜欢喝酒。

 He doesn't like to drink.

 Он вообще не пьёт.

 彼は酒嫌いです。

24. ne taadahong canting waina nuu?
    这　附近　　餐厅　有　吗

 这附近有餐厅吗?

 Are there any restaurants near here?

 Есть ли здесь поблизости ресторан?

 この近くにレストランはありますか?

25. moo (r) duimen jiu canting waina.
    路　　对面　就　餐厅　　有

 马路对面就有餐厅。

 You can find one across the street.

 На противоположной стороне улицы есть ресторан.

 道路の向こう側にはレストランがあります。

26. ndireexi jusi cantingna.
    这里　　就是　　餐厅

   这里就是餐厅。
   Right here is a restaurant.
   Это ресторан.
   ここがレストランです。

27. qi　　ndaa　　nige hu qaange uɢhu.
    你 我（向位格）一 壶 茶 给

   请给我上一壶茶水。
   Waiter! A pot of tea, please.
   Мне чай, пожалуйста!
   お茶を一杯ください。

28. bu niurumenge dengegu duralana.
    我　牛肉面　　点　　想

   我想点一碗牛肉面。
   I'd like a bowl of beef noodles.
   Мне лапшу с говядиной.
   肉うどんを一つください。

29. nenge kudugu cenaa idesa saina.
    这    家的  饭菜  吃    好

　　这家餐厅的饭菜真好吃。

　　The food at this restaurant is very good.

　　Блюда в этом ресторане очень вкусные.

　　このレストランの料理は大変おいしいです。

## (四) surghaal
学　校
**School**
**Школа**
学　校

1. ndireexi xiutang ni yuu?
   这是　　学校　　吗

   这里是学校吗？

   This is a school, isn't it?

   Это школа?

   ここは学校ですか？

2. nimbii, ne xiutangge wa.
   是的　这　学堂　是

   是的，这是一所小学。

   Yes, it's a primary school.

   Да, это начальная школа.

   はい、ここは小学校です。

3. tenge zhongxiu hen yumingwa.
   那　　中学　　很　　有名

   那是一所很有名的中学。
   That's a very famous school.
   Это очень известная средняя школа.
   そこは有名な中学校です。

4. zhongxiunu bairindu daxiu wa.
   中学　　　旁边　　大学　有

   中学的旁边是所大学。
   Next to the middle school is a college (university).
   Рядом со средней школой университет.
   中学校の隣は大学です。

5. te fuxiu losi wa.
   他　数学　老师　是

   他是一位数学老师。
   He's a math teacher.
   Он учитель математики.
   彼は数学の先生です。

6. tenu ku jianglejin ni sain huɢhuiwa.
   他　课　讲得　　　好　很

   他的课讲得很好。
   He gives great lectures.
   Он хорошо преподает.
   彼の講義はとてもいいです。

7. xiusengsge tenu kuni qinglasa duralana.
   学生们　　他的　课　听　　喜欢

   学生们愿意听他讲的课。
   Students enjoy his lectures.
   Ученики очень любят идти на его уроки.
   学生たちは彼の講義を聞きたがります。

8. tanu aaɢu hansi losi waina nuu?
   你　姑姑　也　老师　是　吗

   你姑姑也是老师吗？
   Your aunt is also a teacher, isn't she?
   Твоя тётя тоже учительница?
   あなたの叔母様も教師ですか？

9. nimbii. te hansi losinge wa.
   是的　　她　也　老师　　是

   是的，她也是一位老师。

   Yes, she is.

   Да, она тоже учительница.

   はい、彼女は教師です。

10. te ne mulaa xiutaŋnu losi wa nuu?
    她　这　小　　学堂的　　老师　是　吗

    她是该小学的老师吗？

    Does she teach at/in this school?

    Работает ли она в этой начальной школе?

    彼女はこの小学校の先生ですか？

11. puxii. te zhongxiu losi wa.
    不是　　她　中学　　老师　是

    不是，她是中学老师。

    No, she doesn't. She teaches in a middle school.

    Нет, она работает в средней школе.

    いいえ、彼女は中学校の先生です。

12. te bongje miten ku waina.
    她 几乎 每天 课 有

    她几乎每天都有课。

    She has class almost everyday.

    У неё почти каждый день есть уроки.

    彼女はほとんど毎日授業があります。

13. te yaan ku surghaalghana?
    她 什么 课 教

    她教什么课？

    What does she teach?

    Что она преподает?

    彼女はどんな科目を教えていますか?

14. yiwenku surghaalghana.
    语言课 教

    教语言课。

    Language.

    Филологию.

    国語を教えています。

15. yaan yiwenku surghaalghana?
    什么　语言　　　教

   教什么语言？

   Which language?

   Какой язык?

   どの言語を教えていますか？

16. te surghaalghajin ni hanyiku.
    她　　教　　　　汉言课

   她教的是汉语言课。
   Chinese language.

   Китайский язык.

   彼女は中国語を教えています。

17. tanu aagunu zhongxiunu anjii wa?
    你的　姑姑的　　中学　　哪里　在

   你姑姑的中学在哪里？

   Where is your aunt's school?

   Где школа твоей тёти?

   あなたの叔母様の中学校はどこにありますか？

— 38 —

18. ne mulaa xiutangnu bairindu wa.
    那　小　　学堂的　　旁边　　有

   就在该小学旁边。

   Just next to the primary school.

   Рядом с этой начальной школой.

   小学校の隣にあります。

19. xiutangdu tufuguan waina nuu?
    学校里　　图书馆　　有　吗

   学校里有图书馆吗？

   Does the school have library?

   Есть ли в школе библиотека?

   学校に図書館はありますか?

20. xiutangdu bujin tufuguan waina, daagu yulanshi
    学校     不仅  图书馆    有    还   读书室
    waina.
    有

    学校里不仅有图书馆，还有阅览室。
    Yes. It has a library and reading rooms.
    В школе есть библиотека и читальный зал.
    学校には図書館だけでなく、閲覧室もあります。

21. ne xiutanggu yundongchang na.
    这  学校的    运动场     是

    这里是学校的运动场。
    Here is the sports field.
    Это школьный стадион.
    ここは学校の運動場です。

22. oyo, ne xiutanggu yundongchang shge wa!
    啊呀 这 学校的 运动场 大

    啊呀，学校的运动场可真大呀！
    Wow. It's so big.
    Ах, какой большой стадион.
    ああ、学校の運動場は広いですね。

23. xiutangdu minennu liuyufendu ndireexi yundonghui
    学校 每年 六月 在这里 运动会
    kaigina.
    开

    学校每年六月都在这里开运动会。
    The school sports day is usually in June.
    Каждый год в июне в школе проходят спортивные соревнования.
    学校は毎年六月にここで運動会を開きます。

24. xiusengsge njeenaa ciyu bise canjalana.
    学生们　　自愿　自由　比赛　参加

    学生们自愿参加各种体育比赛。
    Students voluntarily take part in a variety of games.
    Ученики добровольно участвуют в различных спортивных соревнованиях.
    学生たちは進んでさまざまな体育競技に参加します。

25. ne xiutangdu darong xendaihuanu bangonglu da
    这　学校　　还　　现代化　　办公楼　和
    jaoxiulu waina.
    教学楼　有

    学校还有现代化的办公楼和教学楼。
    The school has modern classrooms and office buildings.
    В этой школе также есть современный административный и учебный корпусы.
    学校には近代化したオフィスビルと教育棟があります。

26. ndireegu xiusengsge bur nuli xiuxilena.
    这里的　学生们　都 努力　学习

这里的学生们都努力学习。

Students in this school are dedicated and work hard.

Здесь ученики учатся старательно.

ここの生徒たちはみんな頑張って勉強しています。

(五) lisge
工　作
**Work**
**Работа**
仕　事

1. qi gungzulawu?
   你　工作了吗

   你工作了吗?
   Do you work?
   Ты работаешь?
   あなたは就職しましたか?

2. bu darong gungzu gui, darong yanjiuseng moxina.
   我　还　工作　没　还　研究生　读着

   我还没有工作，我是在读研究生。
   No, I don't. I'm now studying for a master's degree.
   Нет, я ещё не работаю, я учусь в аспирантуре.
   私はまだ就職していません大学院で勉強しています。

3. bu dasuan mangshi gungzulana.
   我　打算　　明年　　　工作

   我打算明年参加工作。
   I'm hoping to find a job next year.
   Я собираюсь работать в следующем году.
   私は来年就職するつもりです。

4. tanu　aaja　anjii　gungzulana?
   你的　哥哥　哪儿　　工作

   你哥哥在哪儿工作？
   Where does your elder brother work?
   Где работает твой старший брат?
   あなたのお兄さんはどこで勤めていますか?

5. zhenfubumenre gungzulana.
   在政府部门　　　　工作

   在政府部门工作。
   He works for the government.
   В правительственном учреждении.
   役所に勤めています。

6. te saina gungzunge yari ulija.
   他  好    工作    找 到了

   他找到了一份好工作。
   Great. He has got a good job.
   У него хорошая работа.
   彼はいい仕事を見つけましたね。

7. tanu   diu   kijee   gungzulaja?
   你的 弟弟 什么时候   工作的

   你弟弟是什么时候参加工作的?
   When did your younger brother start working?
   А когда начал работать твой младший брат?
   あなたの弟はいつから勤めはじめましたか?

8. te shdanong gungzulaja.
   他   去年      工作

   他去年参加了工作。
   He got his first job last year.
   В прошлом году.
   彼は去年から勤め始めました。

— 46 —

9. tanu aaja miten mangse zidenre shanbanlana?
   你的 哥哥 每天　早晨　几点　　　上班

   你哥哥每天早上几点上班？

   What time does your elder brother go to work everyday?

   Когда начинается рабочий день у твоего брата?

   あなたのお兄さんのは朝何時に仕事に行きますか？

10. te miten mangse badenbandure shanbanlana.
    他 每天　早上　　八点半　　　　上班

    他每天早上八点半上班。

    At 8:30am.

    В 8:30 утра.

    彼は毎朝8時半から仕事をします。

11. qi miten bage xoshi gungzulana nuu?
    你 每天 八个 小时 工作 吗

    你每天都工作八个小时吗?
    You work eight hours a day, don't you?
    У тебя восьмичасовой рабочий день?
    あなたは毎日八時間働いていますか?

12. nimbii, budasge miten bage xoshi gungzulanii.
    是的 我们 每天 八个 小时 工作

    是的，我们每天工作八个小时。
    Yes, we do.
    Да, у нас восьмичасовой рабочий день.
    はい、我々は毎日8時間働きます。

13. tanu aaju yaan galana?
    你的 舅舅 什么 做

    你舅舅是做什么的?
    What does your uncle do?
    Кем работает твой дядя?
    あなたの叔父様は何をしている人ですか?

14. te nige ciyeja wa.
 他 一个 企业家 是

 他是一位企业家。
 He is an entrepreneur.
 Он предприниматель.
 彼は企業家です。

15. tanu aayi yisengna nuu?
 你的 姨姨 医生 吗

 你姨妈是医生吗?
 Is your aunt a doctor?
 А твоя тётя врач?
 あなたの叔母様は医者ですか?

16. te xinzheng gungzurenyuan na.
 她 行政 工作人员 是

 她是一位行政工作人员。
 She is a clerk.
 Нет, она администратор.
 彼女は公務員です。

17. tesge shanbanlaji ti（r）ge kaigenanyu?
　　他们　上班时　　车　　　开吗

　　他们上班开车吗?

　　Do they drive to work?

　　Они ездят на работу на машине?

　　彼らは車で通勤していますか?

18. nijeer　kaigena.
　　有时候　　开

　　有的时候开车。

　　Sometimes.

　　Да, иногда на машине.

　　時々車で通勤します。

19. dansi gunjoche da zitela nigiiji ulonna.
　　但是　公交车　或 地铁　稍　　多

　　　但是，乘公交车或地铁的时候多一些。
　　　But, they take the bus or subway more often.
　　　Но, чаще на автобусе или метро.
　　　しかし、バス或いは地下鉄に乗ることがやや多いです。

20. tasge　gungzu tiaojen amatigii giwa?
　　你们的　工作　条件　　　怎样

　　　你们的工作条件如何?
　　　How are the working conditions at your job?
　　　Какие у вас условия для работы?
　　　あなたたちの仕事の環境はどうですか?

21. ndaagenu gungzu tiaojen saini hughuiwa.
　　我们的　　工作　条件　很　　好

　　我们的工作环境很好。
　　Pretty good.
　　У нас хорошие условия для работы.
　　私達の仕事の環境はとてもいいです。

22. siwang qi saihana gungzula.
　　希望　你　好好　　工作

　　希望你好好工作。
　　I hope you like what you do and keep working hard.
　　Желаю тебе успехов на работе.
　　お仕事がんばってください。

23. bu yiding saihana gungzulaya.
　　我　一定　努力　　工作

　　我一定会努力工作。
　　Thanks, I will.
　　Я непременно постараюсь работать хорошо.
　　私は頑張って仕事をします。

## （六）saar, jotong
## 时间、交通
## Time and Transportation
## Время、Коммуникация
## 時間、交通

1. do   zidenna?
   现在 几点了

   现在几点了？
   What time is it now?
   Который час сейчас?
   今は何時ですか？

2. do   shanwu jiudenna.
   现在  上午   九点

   现在是上午九点。
   It's 9 o'clock.
   Сейчас девять часов утра.
   今は午前9時です。

3. tasge xiawudu zidenre shanbanlanii?
   你们　下午　　几点　　　上班

   你们下午几点上班？

   What time does your afternoon shift start?

   Когда вы начинаете работу после обеда?

   あなたたちの仕事は午後何時からですか？

4. xiawu liangdenbandure shanbanlanii.
   下午　　两点半　　　　上班

   下午两点半上班。

   At 2:30 pm.

   В половине третьего.

   仕事は午後2時半からです。

5. xulonggu kidi uqinii?
   晚上　　几点　吃

   晚餐预约在几点？

   What time is our dinner reservation for?

   На какое время заказан ужин?

   夕食は何時に予約しましたか？

6. xulong liudenre.
   晚上　　六点

   预约在晚六点。

   For 6∶00 pm.

   Около в шести вечера.

   午後の6時に予約しました。

7. ne nige tang ghal ti（r）ge kidi yauna?
   这　一　趟　　火车　　几点　走

   这趟火车几点开？

   What time does the train leave?

   Когда отправляется этот поезд?

   この汽車は何時に発車しますか?

8. shanwu shidenshiwure yauna.
   上午　　十点十五　　走

   上午十点一刻开。

   At 10∶15 am.

   В 10.15 утра.

   午前十時十五分に発車します。

9. ne zidenregu denyingpiao wa?
   这 几点的　　电影票

   这是几点的电影票呀？

   Which show is this movie ticket for?

   На какое время этот билет?

   これは何時の映画チケットですか？

10. xinciten xiawugu sanden aishiwunu denyingpiao wa.
    周日　　下午　三点二十五分的　　电影票

    星期天下午三点二十五分的电影票。

    It's for 3:25 Sunday afternoon.

    Это билет на 15.25 в воскресенье.

    日曜日の午後三時二十五分の映画チケットです。

11. qi xuetangsa tanukudu kurji amatigii qag xjina?
    你　从学校　　你家　　到　多长　时间　用

    你从学校到家需要多长时间？

    How long does it take to go home from your school?

    Сколько времени требуется, чтобы добраться из твоей школы до дома?

    あなたは学校から家までどのぐらいかかりますか？

12. zixinchie funiji aishifenzhong zuyu.
    自行车　骑　　二十分　　左右

    骑自行车需要二十分钟左右。

    It's about a 20 – minute bicycle ride.

    На велосипеде около двадцати минут.

    自転車で20分ぐらいかかります。

13. ndireexi chuzuti（r）ge waina nuu?
    这里      出租车       有    吗

    这里有出租车吗?

    Where can I get a taxi around here?

    Есть ли здесь такси?

    ここにタクシーはありますか?

14. ndaa huchiezhan durenge kurgee yau.
    把我    火车站         请送

    请把我送到火车站。

    Take me to the railway station, please.

    Пожалуйста, отвезите меня на вокзал!

    駅までお願いします。

15. nenge gunjaoti（r）ge zichangre kurina nuu?
    这     公交车        机场      去    吗

    该公交车到机场吗?

    Does the bus go to the airport?

    Можно ли доехать до аэропорта на этом автобусе?

    このバスで、空港まで行けますか?

16. qi zichangresa zichangdaba sau.
　　你　去机场　　机场大巴　　坐

去机场请你乘坐机场大巴。

You can take a shuttle to the airport.

Чтобы добраться до аэропорта, воспользуйтесь шаттлом.

空港まではエアポートバスを利用してください。

## （七） dur
## 天 气
## Weather
## Погода
## 天 気

1. niudur tingere amatigii giwa?
   今天　天气　　怎样

   今天天气怎样?
   What's the weather like today?
   Какая сегодня погода?
   今日のお天気はどうですか?

2. niudur tingere saina.
   今天　天气　好

   今天是晴天。
   It's a fine day.
   Сегодня солнечная погода.
   今日は晴れです。

3. tingeredu ulong waina, malang kenen yinten na.
   天上　　云　有　　明天　可能　阴天

   天上有云了，明天可能是阴天。
   It's cloudy and may be overcast tomorrow.
   На небе облака, завтра возможно будет пасмурная погода.
   空には雲がかかっています、明日は曇りかもしれません。

4. ghadaxi kii tauna, keneng qasi urona.
   外面　风　刮着　可能　雪　下

   外面在刮风，可能要下雪。
   The wind is now blowing and it looks like it may snow.
   На улице ветрено, наверно, будет снег.
   外は風です、雪が降るかもしれません。

5. urji dur ndee shge huraa uroja.
   前天　这里　大　雨　下了

   这里前天下了一场大雨。

   It rained heavily here the day before yesterday.

   Позавчера здесь был сильный дождь.

   ここは、おととい大雨でした。

6. tinggere nigede bi nigede kuidenna.
   天　　一天　比　一天　冷了

   天一天比一天变冷了。

   It's getting colder every day.

   С каждым днем становится всё холоднее.

   日増しに寒くなってきました。

7. bifannu rgul kuiden waina.
   北方的 冬天　　冷

   北方的冬天很冷。

   It's pretty cold in the north in the winter.

   Зимой на севере очень холодно.

   北方の冬はとても寒いです。

8. nanfannu yer halong waina.
   南方的　夏天　　　热

   南方的夏天很热。
   It's so hot in the south in the summer.
   Летом на юге очень жарко.
   南方の夏は大変熱いです。

9. ndireegu hawur halong waina.
   这里的　春　　温暖

   这里的春天很温暖。
   It's warm here in the spring.
   Весной здесь очень тепло.
   ここの春は暖かいです。

10. namur bijingnu fulaan labji saihan waina.
    秋天　北京的　　红　　叶　　　漂亮

   秋天北京的红叶很漂亮。

   Beijing is quite lovely in the autumn when the leaves turn red.

   Осенью в Пекине очень красивые красные листья.

   北京の秋の紅葉はとてもきれいです。

# (八) denhua baghaya
## 打电话
## Phone Call
## Позвонить
## 電話をかける

1. wai！qi sainyu！×× waina nuu？
 喂　你　好吗　××　在　吗

喂！你好！请问××先生在吗？

Hello. Can I speak to Mr. . . .

Алло！Здравствуйте！Можно ли поговорить с господином ××.

もしもし、こんにちは。××さんいらっしゃいますか？

2. qi ××　nimbii yuu?
   你 ××　是　　吗

   你是××女士吗?

   Is this Ms. . . .

   А Вы госпожа ××?

   ××さんでいらっしゃいますか?

3. ×× nenge daudajinge ughu.
   ×× 小姐　　　找一下

   请给找一下××小姐。

   I'd like to speak to Miss . . .

   Можно ли попросить к телефону мисс ××.

   ××さんをお願いします。

4. qi nige jange sge.
   你 一 会儿 等

   请你等一会儿。

   Just a moment (Hold on), please.

   Минуточку!

   少々お待ちください。

5. te gua. gharisanna.
   她 不在　出去了

   她不在，出门了。

   Sorry, she's not in right now.

   Ей сейчас нет, она вышла.

   彼はおりません。外出いたしております。

6. qi liuyenla nuu?
   您　留言　吗

   您要留言吗?

   Would you like to leave a message?

   Нужно ли ему что‐то передать?

   ご用件を伝えましょうか?

7. bu tendu kileguiya, qinu denhuange bagha giji.
   我 给她　转告　你　电话　　打

   我转告她给您回电话。

   Ok. I'll have her call you back.

   Я передам ей, чтобы она Вам перезвонила.

   折り返し電話するように伝えておきます。

8. bu ××, qi ken ii?
   我 ×× 你 谁

   我是××，您是哪位？
   This is . . . Who's speaking?
   Говорит ××, а с кем я говорю?
   私は××です。どちらさまでしょうか？

9. bu qinu tonxiu ii.
   我 你的 同学 ××

   我是你的同学××。
   This is your classmate . . .
   Говорит твой одноклассник ××.
   私はあなたの同級生の××です。

10. bu malangdu tendu denhua baghaya.
    我 明天 给她 电话 打

    我明天再给他打。
    All right. I'll call him again tomorrow.
    Завтра я ему перезвоню.
    明日もう一度おかけします。

## （九）dura
### 兴 趣
### Hobbies
### Вкус
### 趣 味

1. qi yundongdu haudau nuu?
   你 运动 喜欢 吗

   你喜欢运动吗？
   Do you like sports?
   Ты любишь заниматься спортом?
   あなたは運動が好きですか？

2. bu pobudu duralana.
   我 跑步 喜欢

   我很喜欢跑步。
   I like jogging.
   Я люблю заниматься бегом.
   私はジョギングが大好きです。

3. te miten lanqiu baghana.
   他 每天 篮球 打

   他每天都打篮球。
   He plays basketball every day.
   Он каждый день играет в баскетбол.
   私は毎日バスケットボールをやっています。

4. bu yinyu qinglagu duralana.
   我 音乐 听 喜欢

   我爱听音乐。
   I'm into music.
   Я люблю слушать музыку.
   私は音楽鑑賞が好きです。

5. qi denyingdu haudau nuu?
   你 电影 喜欢 吗

   你爱看电影吗?
   Do you like movies?
   Ты любишь кино?
   あなたは映画みるのが好きですか?

6. ndaanu aama mixinciten jiu naula xjina.
   我的　妈妈　每周末　剧　　看

   妈妈每周末都去看剧。

   My mother goes to the theatre every weekend.

   По выходным мама ходит на спектакли.

   母は毎週末、舞台を見に行きます。

7. ndaanu aaba huahuaidu haudau wa.
   我的　爸爸　画画　　喜欢

   爸爸很喜欢画画。

   My father is keen on painting.

   Папа любит рисовать.

   父は絵を描くのが大好きです。

8. xjun diu liuxinge daulagu duralani.
   妹妹　流行歌　唱　喜欢

   妹妹爱唱流行歌曲。

   My younger sister enjoys singing pop songs.

   Сестра любит поп－музыку.

   妹はポップスを歌うのが好きです。

9. ndaanu aadee miten sanbulana.
   我的　爷爷　每天　散步

   我爷爷每天都散步。
   My grandfather takes a walk every day.
   Мой дедушка каждый день гуляет.
   祖父は毎日散歩をします。

10. ndaanu aanee kudu qije（qijig）tariqundu
    我的　奶奶　在家　　花　　　　种
    haudau wa.
    喜欢

    奶奶喜欢在家种花。
    My grandmother likes gardening.
    Моя бабушка любит выращивать цветы в доме.
    祖母は家でガーデニングをするのが好きです。

11. tenu aayi ni shdaji quja haudau wa.
 　　她的　姨妈　　做　饭　　喜欢

 她姨妈对做饭很有兴趣。
 My aunt is interested in cooking.
 Её тётя любит готовить.
 彼女の叔母は料理作りが好きです。

12. kesi ndaanu aajuu tibi sihuan ti（r）ge kaigina.
 　　可是　我的　舅舅　特别　喜欢　　车　　　开

 可是，我舅舅特别爱开车。
 But my uncle loves driving.
 Но мой дядя любит водить машину.
 しかし、叔父は車を運転することが大好きです。

# （十）urog, qimsang
## 婚姻、家庭
## Marriage & Family
## Брак и Семья
## 結婚、家庭

1. qi  jihunlo?
   你 结婚了吗

   你结婚了吗？
   Are you married?
   Ты женат?
   ご結婚されましたか?

2. bu darong jihunlaji gui.
   我   还    结婚   没

   我还没有结婚。
   Not yet.
   Нет, я не женат.
   私はまだ結婚していません。

3. qi lenai tange?
   你 恋爱 谈了吗

   你谈恋爱了吗？

   Are you seeing someone now?

   У тебя есть девушка?

   恋愛していますか？

4. ndaa kujaa mjipengyu wai.
   我  已经  女朋友  有了

   我已经有女朋友了。

   I'm going out with a girl.

   Да, у меня есть подруга.

   私にはもう彼女がいます。

5. tendu nanpengyu waina nuu?
   她   男朋友   有了  吗

   她有男朋友了吗？

   Does she have a boyfriend?

   У неё есть парень?

   彼女には彼氏がいますか？

6. te darong lenai tanggeji gua.
   她　还　恋爱　　谈　　没

   她还没谈恋爱呢。
   No. She isn't dating.
   Нет, у неё нет.
   彼女はまだ恋をしたことがありません。

7. bu darong dansen ii.
   我　是　　单身

   我是独身。
   I am single.
   Я одинока.
   私は独身です。

8. bu kujaa jihunlaja.
   我 已经 结婚了

   我已经结婚了。
   I'm married.
   Я уже замужем.
   私は結婚しています。

9. tasgedu ger waina uu?
   你们　房子　有　吗

   你们有房子吗？

   Are you a homeowner?

   У вас есть квартира?

   あなたたちは家を持っていますか？

10. ndaasgedu njeenaanu ger gui.
    我们　　　自己的　房子 没有

    我们没有自己的房子。

    Not at the moment.

    Нет, у нас нет квартиры.

    我々は家を持っていません。

11. tasge anjiixi sau nii?
    你们　哪里　住

    你们住哪里？

    Where do you live?

    Где вы живёте?

    あなたたちはどこに住んでいますか？

12. budasge aaba aama hana hamdu saunii.
    我们　父　母　都　一起　住

    我们和父母一起住。
    We live with our parents.
    Мы живём вместе с родителями.
    私たちは親と同居しています。

13. tesge xini ger awuja.
    他们　新　房子　买了

    他们买了新房子。
    They just bought a new apartment.
    Они купили новую квартиру.
    彼らは新しい家を購入しました。

14. tasge lufanre sauna nuu?
    你们　楼房　住　吗

    你们是住楼房吗?
    Do you live in an apartment building?
    А вы живёте в многоэтажном доме?
    あなたたちはアパートに住んでいますか?

15. puxa. budasge pinfanre saun ii.
    不是　我们　　平房　　　住

    不是，我们住平房。
    No. We live in a bungalow.
    Нет, мы живём в одноэтажном доме.
    いいえ、私たちは1戸建てに住んでいます。

16. tasgedu bulai wai yuu?
    你们　孩子 有 吗

    你们有孩子吗？
    Do you have kids?
    У вас есть дети?
    あなたたちには子供がいますか？

17. budasgedu darong bulai gui.
    我们　　　还　孩子 没有

    我们还没有孩子。
    Not yet.
    Нет, пока ещё нет.
    私たちにはまだ子供がいません。

18. rgensge dasuan mongshe bulai hegeliona.
    他们　　打算　　明年　　孩子　　要

　　他们打算明年要孩子。

　　We are planning to start a family next year.

　　У них Будет свой ребёнок в следующем году.

　　彼らは来年こども作るつもりです。

19. munu beeri kujaa ghuraan sara huaiyunlaja.
    我的　爱人　已经　三个　月　怀孕了

　　我爱人怀孕已三个月了。

　　My wife is three months pregnant.

　　Моя жена на 3 месяце беременности.

　　家内はすでに妊娠3か月です。

20. ndaanu aaji kuubulainge turoja.
    我的　姐姐　一个男孩　生了

　　我姐姐生了一个男孩。

　　My sister just had a baby boy.

　　Моя сестра родила мальчика.

　　姉のところに男の子が生まれました。

21. budasgedu ghoo（r）bulai wai.
    我们　　　两个　孩子　有

   我们有两个孩子。
   We have two kids.
   У нас двое детей.
   私たちには二人の子供がいます。

22. ndaa　xjunge　wai.
    我　一个女孩　有

   我有一个女孩。
   I have a daughter.
   У меня девочка.
   私には女の子が一人います。

23. aajadu nige kuu bulai nige xjunna.
    哥哥　一个　男孩　一个 女孩有

   哥哥有一个男孩和一个女孩。
   My elder brother has a son and a daughter.
   У моего брата мальчик и девочка.
   兄には男の子が一人と女の子が一人います。

24. te　　ghula　fangbotai　wa.
　　 他们　两个　双胞胎　　是

　　　　他们两个是双胞胎。
　　　　They are twins.
　　　　Они близнецы.
　　　　あの二人は双子です。

25. tanu　beeri　kudu　waina　nuu?
　　 你的　妻子　　家　　在　　吗

　　　　你妻子在家吗？
　　　　Is your wife in?
　　　　Твоя жена дома?
　　　　奥さんは家にいますか？

26. te　bulainaa　kurgeeji　xjija.
　　 她　　孩子　　　送　　去了

　　　　她送孩子去了。
　　　　No. She isn't home.
　　　　Она ушла проводить ребёнка.
　　　　家内は子供を送りに行きました。

27. te bulainaa kurgee yuaiyuandu xjija.
    她 把孩子 送 幼儿园 去了

   她把孩子送到了幼儿园。
   She took our kid to the kindergarten.
   Она отвела ребёнка в детский сад.
   彼女は子供を幼稚園まで送って行きました。

28. tasgenu kudu shdoogu kun wai yuu?
    你们 家里 老 人 有 吗

   你们家有老人吗？
   Do you live with your grandparents?
   В вашей семье есть старые?
   お宅にはお年寄りがいますか？

29. kudu aade aane˙ waina.
    家里 爷爷 奶奶 有

   家里还有爷爷和奶奶。
   My grandparents live with us.
   В нашей семье есть дедушка и бабушка.
   家には祖父と祖母がいます。

30. budasge si nige xingfudi kudu wa.
    我们　　是 一个　幸福的　　家庭

　　　我们是一个幸福的家庭。

　　　We are a happy family.

　　　У нас счастливая семья.

　　　私たちは幸せな家族です。

## （十一）yiyuan
## 医　院
## Hospital
## Больница
## 病　院

1. ne yide yiyuan waina nuu?
   这 一带 医院　有　吗

   这一带有医院吗？

   （Excuse me.）Are there any hospitals around here?

   Есть ли здесь больница?

   この近くに病院はありますか？

2. muxigu tenigedong qighaan lufan yiyuan na.
   前面　　那一栋　　白　楼房　医院

   前面那栋白楼就是医院。

   The white building ahead is a hospital.

   Белое здание впереди больница.

   前方の白い建物が病院です。

3. yiyuandu xjiji ama giji yauna?
   医院    去   怎么   走

   到医院怎么走?

   Excuse me. How can I get to the hospital?

   Как добраться до больницы?

   病院までどのように行けばいいですか?

4. nenge moo (r) dang tusdaanla yau.
   这      路       一直    走

   顺着这条大道一直走。

   Walk along this street.

   Прямо по этой улице.

   この大通りに沿って真直ぐ行って下さい。

5. ranhu zisange hongliudengre kurigu warong bairiji yau.
   然后   第三个    红绿灯      到后    右    拐

   然后，遇到第三个红绿灯右拐。

   Turn right at the third traffic light.

   Потом сверните направо у третьего светофора.

   そして、三番目の信号を右に曲がってください。

6. bairinxji yausa jiu kurija nuu?
   右拐     走   就 到了  吗

   那么，右拐就会到了吗？
   Then will I am there?
   Таким образом, свернув направо, я смогу дойти?
   そしたら、右に曲がったら着くんですか？

7. bairinxji hagguo hanshi turoji sibemi yau.
   右      拐    还要  往里 四百米  走

   右拐后，还要往里走四百米。
   No. You will have to walk another 400 meters.
   Направо и дальше прямо пройти четыреста метров.
   右に曲がってから、さらに400メートル進んで下さい。

8. ndiree shi yiyuanna nuu?
    这　　是　医院　　吗

    这里是医院吗？

    Excuse me. This is hospital, isn't it?

    Это больница?

    ここは病院ですか？

9. nimbii. ndiree shi yiyuanna.
    是　　　这　是　医院

    是的，这里是医院。

    Yes, it is.

    Да, это больница.

    はい、ここは病院です。

10. menzhenbu anjiiwa?
    门诊部　　在哪里

    门诊部在哪里？

    Where is the outpatient department?

    Где амбулатория?

    外来はどこですか？

11. menzhenbu yiyuan datangnu solghui bairina.
    门诊部　　医院　　大堂　　左　　侧在

    门诊部在医院大堂左侧。
    To the left of the lobby.
    Амбулатория с левого торца здания.
    外来は病院のフロントの左側です。

12. bu guaho ulini.
    我 挂号 要

    我想挂个号。
    Hello. I'd like to register.
    Я хотел бы записаться к врачу.
    わたしは診察券をもらいたいです。

13. qi yaan ho gualanii?
    你 什么 号　　挂

    你挂什么号?
    Hello. Which department?
    К какому врачу?
    あなたは、なに科にかかりたいのですか?

14. bu nikeho gualanii.
    我 内科号　　挂

    我想挂内科号。

    I'd like to register for internal medicine.

    К терапевту.

    私は内科にかかりたい。

15. bu zhuanjaho gualanii.
    我　专家号　　挂

    我想挂专家号。

    I'd like to see a specialist.

    К специалисту.

    私は専門医師の診察を受けたいです。

16. qi gualajin haomanaa ndiree gee.
    你　挂的　　号　　这里　放

   请你把挂的号放在这里。

   Please put your registration card here and wait for your turn.

   Оставьте ваш талон здесь.

   診察券をここに置いてください。

17. nasba haomanaa wari na（r）nauna.
    患者　号　按　病　看

   患者都按号排队看病。

   Look, everyone is waiting in line for their turn.

   Пациенты должны обращаться к врачу по очереди.

   患者さんは診察番号の順番で医者に診てもらいます。

18. qi anjiixi futan gua?
    你 哪里 舒坦 不

   你怎么不舒服？
   Why are you here today?
   На что вы жалуетесь?
   どこが悪いですか？

19. bu ganmola to (l) ghui idina.
    我 感冒     头    疼

   我感冒头痛。
   I've got a headache. I think I'm coming down with a cold.
   У меня болит голова от простуды.
   私は風邪をひいて、頭が痛いです。

20. qi ciwenbionaa suu doorona hghalaagia.
    你  体温计   腋   下    放

　　请你把体温表放在腋下。
　　Please put this thermometer under your armpit.
　　Возьмите термометр под мышку.
　　体温計を脇の下に挟んでください。

21. qi queshi nigiiji fasholana.
    你 确实 有些   发烧

　　你确实有点发烧。
　　You've got a temperature.
　　У тебя действительно температура.
　　あなたは確かに熱があります。

22. qi ganmola zitenluo?
    你 感冒  几天了

　　你感冒几天了?
　　How long have you had it?
　　Когда ты простудился?
　　風邪をひいてから何日経っていますか?

23. ghuudu（r）luo.
    两天了

    有两天了。
    Two days.
    Уже два дня.
    二日経っています。

24. yaan smanaa ide uu?
    什么 药 吃 了

    吃过什么药吗?
    Are you taking anything for it?
    Какие лекарства ты принимал?
    何か薬を飲みましたか?

25. bu ama smanda ideji gui.
    我 什么 药 喝 没

    我没吃任何药。
    I haven't taken any medication for it.
    Никаких.
    私は何の薬も飲んでいません。

26. na, bu qimu sman nigiidi kaigiji ughuya ba.
    那　我　你　药　一点　开　给

那么，给你开点退烧药吧。

So I'm going to give you a prescription for your fever.

Тогда, я пропишу лекарства от простуды.

では、風邪薬を処方します。

27. linwai, xjaanu ndasgu ulonhaange uqi sgghana xusila.
    另外　回去　开水　多　喝　好好　休息

另外，回去多喝些白开水，好好休息。

You should drink plenty of water and take good rest.

Кроме того, пейте побольше воды и хорошо отдыхайте.

また、お湯をたくさん飲んで、よく休んでください。

28. ne ghajar sman awujin kekezi wa.
    这　里　药　取　口子　是

　　这里是取药口。

　　You can get your medicine at this window.

　　Это окно для выдачи лекарств.

　　ここは薬を受け取る窓口です。

29. ne tuisho smanna.
    这　退烧　药

　　这是退烧药。

　　Here is your antipyretic.

　　Это жаропонижающее средство.

　　これは熱を下げる薬です。

30. ganmao saman niɡedu ɡhuraanci ide, niɡeci
    感冒    药   一天    三次      喝  一次
    ɡhoo（r）pen ide.
    两片          吃

>   退烧药一天吃三次，每次吃两片。
>   Take two tablets at a time, three times a day.
>   Принимайте лекарство от простуды три раза в день, каждый раз по две таблетки.
>   風邪薬は一日三回、毎回二錠を飲んでください。

31. qinu smannu sɡhana wari. huinoxi sɡeya.
    你的   药    好好   拿    再见

>   请你把药拿好，再见！
>   Take care and goodbye!
>   Возьмите лекарства. До свидания！
>   薬をお忘れないように。お大事に。

## （十二）donɡxi awu
　　　购　　物
**Shopping**
Покупка
買い物

1. bu nige tang gha（r）ji xjina.
   我　一　趟　　出　　去

   我要出去一趟。

   I have to go out for something.

   Мне нужно выйти.

   私は出かけてきます。

2. anjii xjinii?
   哪里　去

   要去哪里?

   Where are you going?

   Куда ты идёшь?

   どこに行きますか?

3. shangchangre xjina.
   商场       去

   去商场。

   To the store.

   В универмаг.

   デパートに行きます。

4. qi alinge shangchangre xjinii?
   你 哪个    商场       去

   你去哪个商场？

   Which one?

   В какой универмаг?

   あなたはどのデパートに行きますか？

5. bihu shangchangre xjinii.
   百货  商场       去

   去百货商场。

   The department store.

   В ГУМ.

   百貨店に行きます。

6. qi yaan awunii?
   你 什么　买

   你要买什么？

   What are you going to buy?

   Что вы хотите купить?

   あなたは何を買いますか？


7. bu idejinnu awunii.
   我 吃的东西　买

   我要买吃的东西。

   Some food.

   Мне нужно купить продукты.

   私は食品売り場へ行きたい。


8. te idejin dongxi awuna nuu?
   她 吃的 东西　买吗

   她也要买吃的东西吗？

   Does she also want to buy some food?

   Ей тоже нужны продукты？

   彼女も食品売り場へ行きますか？

9. puxa, ndaanu xjun diu ya (r) du mosijin dee (l)
   不是　我　妹妹　夏天的　穿的　衣服
   awuna.
   买

   不是，我妹妹要买夏天穿的衣服。

   No, my younger sister only wants to buy some summer clothes.

   Нет, моя сестра хочет купить летнюю одежду.

   いいえ、妹は夏の洋服を買うつもりです。

10. bihushangchangre yaanda waina.
    百货商场　　什么都　有

    百货商场里什么都有。

    You can find anything in the department store.

    Чего только нет в универмаге.

    百貨店には何でもあります。

11. saini yuu?
    好    吗

   售货员你好！
   Hello.
   Здравствуйте!
   こんにちは。

12. qi yaan dongxi awunii?
    你 什么 东西  买

   你要买什么吗？
   Can I help you?
   Что вы ищете?
   何をお探しですか？

13. qi ndaa tenge jen deelnunge awuji ughu.
    你 我 那 件  衣服  拿来 给

   请你给我拿那件衣服。
   Can I see that dress?
   Покажите мне эту одежду.
   あの洋服を見せてください。

14. nenge jen shangyi amatihaange seerwa?
    这　件　上衣　　多少　　　钱

   这件上衣多少钱？
   How much is this top?
   Сколько стоит эта одежда?
   このシャツはいくらですか？

15. nenge jen deelnu jagi ni bonjena.
    这　件 衣服的 价格　　合理

   这件衣服的价格还算合理。
   The price is reasonable.
   Это приемлемая цена.
   この洋服の値段は普通です。

16. ne nige to neiyi sghanna nuu?
    这　一 套 内衣　好看　　吗

   这套内衣好看吗？
   This undergarment looks good, doesn't it?
   Красиво ли это бельё？
   この下着のセットはきれいですか？

17. bu nausa sghan hughui wa.
    我 觉得 好看 很

    我觉得很好看。
    Well, I think it does.
    Мне кажется, что красиво.
    私はきれいだと思います。

18. bu ne deelnaa mosisa bonjena nuu?
    我 这 衣服 穿着 合身 吗

    我穿这衣服合身吗?
    Dose it fit me?
    Идет ли мне эта одежда?
    私にはこの服が合っていますか?

19. qi mosisa nigiiji bonjen gua.
    你 穿 有点 合身 不

    你穿不太合身。
    I'm afraid it doesn't fit you.
    Не очень.
    あなたにはちょっと合わないです。

20. ne mulaa deel gooro ndog waina nuu?
    这　　裤子　其他 颜色的　有　　吗

   这条裤子还有其他颜色的吗？
   Do you have these trousers in other colors?
   Есть ли такие брюки другого цвета?
   このズボンには別の色がありますか？

21. aagua, jiang hara ndog wa.
    没有　　只有　黑　色　有

   没有，只有黑颜色。
   Sorry, we only have black ones for this style.
   Нет, только тёмного цвета.
   いいえ、黒しかないです。

22. bu pihenge awugu duralana.
    我　皮鞋　　买　　想

   我想买一双皮鞋。
   I'm looking for a pair of leather shoes.
   Я хотел бы купить пару ботинок.
   私は皮靴を一足買いたいです。

23. anjii gaaga ti（r）ge daaldujin ghajar waina?
    哪里　小　　车　　运物　地方　有

    哪里有购物用的小推车？
    Where can I find a shopping cart?
    Где можно взять тележку?
    買い物カートはどこですか？

24. jiu shangchangnu urojin ghajar waina.
    就　商场的　　入　口　有

    就在商场的入口处。
    You can get one at the entrance.
    У входа в универмаг.
    デパートの入り口のところにあります。

25. aama sun da ndige awuja.
    妈妈　牛奶　和　鸡蛋　买了

    妈妈买了牛奶和鸡蛋。
    My mother bought some milk and eggs.
    Мама купила молоко и яйца.
    母は牛乳と卵を買いました。

26. aaba ama da awuji gua.
    爸爸 什么 也 买 没

    爸爸什么都没买。
    My father did not buy anything.
    Папа ничего не купил.
    父は何も買いませんでした。

27. seer jogijin ghajar anjiiwa?
    钱 交 处 哪里在

    售货员，付款台在哪里？
    Excuse me. Where is the cashier?
    Подскажите, где касса?
    お会計はどこですか？

28. ne nigegu dongxi amatihaange seerwa?
    这 些 东西 多少 钱

    这些货物多少钱？
    How much are these?
    Сколько всего за эти товары？
    これ、全部でおいくらですか？

29. iguala ×× kuai wa.
　　全部　××　元

　　全部是××元。
　　They are... yuan all together.
　　Всего ×× юаней.
　　合計××円です。

30. qi ndaa niye bozhuanglaji ughu.
　　你　我　一下　　包装　　给

　　请你给我打包这些货物。
　　Please wrap them up for me.
　　Заверните, пожалуйста, эти покупки.
　　包装をしてください。

31. huinoxi kuri.
　　再　　　来

　　欢迎您再来。
　　Come back and see us again.
　　Добро пожаловать еще раз.
　　また、いらしてください。

## （十三）zichang
　　机　场
　　**At the Airport**
　　Аэропорт
　　空　港

1. ne ghajar bijing zichang na.
   这　是　北京　　机场

   这里是北京首都国际机场。
   Here is the Beijing International Airport.
   Это аэропорт Пекина.
   ここは北京空港です。

2. zichangre kun ulon waina.
   机场　　人　多　有

   机场里人很多。
   Oh, it's packed here.
   В аэропорту много людей.
   空港は人でいっぱいです。

3. zichang wenxunchu ni anjii wa?
   机场　　问讯处　　哪里　在

   机场问询处在哪里？
   Excuse me. Where is the information desk?
   Где в аэропорту справочное бюро?
   空港のインフォメーションはどこですか？

4. zichangnu datangnu urojin ghajarra.
   机场　　　大堂　　入　　口

   在机场大堂入口处。
   At the entrance to the main lobby.
   У входа в аэропорт.
   空港の入り口のところにあります。

5. ne ghajar wenxunchu wai yuu?
   这　里　　问讯处　　是　吗

   这里是问询处吧？
   So this is the information desk, isn't it?
   Это справочное бюро?
   ここはインフォメーションですか？

6. nimbii, ne wenxunchu wa.
   是　　这里　问讯处　是

   是的，这里就是问询处。

   Yes, it is.

   Да, здесь справочное бюро.

   はい、ここはインフォーメーションです。

7. qimu yaan siqin waina nuu?
   你　什么 事情　有　吗

   你有什么事吗？

   Can I help you, Sir (Madam or Miss)?

   Что вы хотите?

   なにか御用ですか？

8. bu zipiao awuna.
   我 机票　买

   我想买机票。

   I'd like a ticket.

   Я хочу купить авиабилет.

   航空券を買いたいのですが。

9. qi  anjii  xjinii?
   你 哪里　去

   你要去哪里？

   Where to?

   Куда Вы летите?

   どちらに行きますか？

10. bu shanghe xjina.
    我　上海　　去

    我去上海。

    To Shanghai.

    В Шанхай.

    私は上海に行きます。

11. shanghedu xjijin zipiaonu C kure
    上海      去    票   C 口
    uli xjina（daaldina）.
    买

    去上海的机票要到 C 口去买。
    Please move to window C for tickets to Shanghai.
    Купите билет в Шанхай в кассе C.
    上海行きの航空券はCカウンターで買えます。

12. C ku anjii wa?
    C 口 哪里 在

    C 口在哪里？
    Where is it?
    Где касса C?
    Cカウンターはどこですか?

13. D kunu barongduna.
    D　口　　　右侧

　　在 D 口右侧。

　　To the right of window D.

　　Направо от кассы D.

　　Dカウンターの右側です。


14. qi  zipiao awunii?
    你　机票　　买吗

　　你要买机票吗?

　　Can I help you, Sir ( Madam or Miss )?

　　Вам нужен авиабилет?

　　あなたは航空券を買いますか?

15. nimbii. bu shanghe xjijin zipiaonge awunii.
    是　　　我　上海　去　　机票　　买

    是的，我要想买一张去上海的机票。
    Yes. I need a ticket to Shanghai.
    Да, мне нужен билет в Шанхай.
    はい、私は上海行きの航空券を一枚買いたいです。

16. na,　qi ndireexi peduila ba.
    那么 你　这里　　排队　吧

    那么，你就在这里排队吧。
    Please line up here.
    Пожалуйста, встаньте в очередь.
    では、ここに並んでください。

17. qi shenfenzhennaa ndaa uɡhu.
    你　身份证　　我　给

   请你将身份证给我。
   ID card, please.
   Паспорт, пожалуйста!
   身分証明書を見せてください。

18. ne qinu zipiao wa.
    这 你的 机票　是

   这是你的机票。
   Here is your ticket.
   Это ваш билет.
   これがあなたの航空券です。

19. anjenku anjii wa?
    安检口　哪里　在

   安检口在哪里？
   Excuse me. Where is the security check?
   Где контроль безопасности?
   安全検査はどこですか？

20. anjenku muxiji aibimi yau aanu solghui bairiji
安检口　里　二百米　　走　　左　　边
guaige yau jiu kurija.
拐　　走　就　到了

去安检口要往里走两百米，然后左拐就到了。
Walk 200 meters then turn left. You can't miss it.
Двести метров прямо и потом налево.
安全検査の場所は、この奥へ200メートル進み、左に曲がったらすぐです。

21. qi xinlenaa sghan wari.
你　行李　　好好　拿

请你把行李拿好。
Please hold on to your luggage.
Возьмите багаж.
手荷物を忘れないように。

22. shanghe xjijin denziku anjii wa?
    上海　　去　登机口　哪里　在

    去上海的登机口在哪里？
    Where is the boarding gate for the flight to Shanghai?
    Где регистрация на рейс в Шанхай?
    上海行きの搭乗口はどこですか？

23. A ku duresa sauna.
    A 口　那里　坐

    请从 A 口登机。
    Please proceed to Gate A.
    У стойки A.
    搭乗口 Aです。

24. kijee　ni　denzilana?
    什么 时候　登机

    什么时候登机？
    What time does boarding start?
    Когда начнётся посадка?
    何時に搭乗できますか？

25. bange xiosi huino sauna.
    半个 小时 后　　上

    半个小时以后登机。
    In 30 minutes.
    Через полчаса.
    三十分後に搭乗します。

26. saudulaa jang nige ku mulaa bofu wariguna.
    登机时 只能 一 个 小　包　　带

    登机时只能带一件小提包。
    You are allowed only a small piece of carry – on luggage.
    При посадке у каждого пассажира может быть только одно багажное место.
    機内に手荷物は一つしか持ち込めません。

27. toyunlijin bofu zhonliang aishi gonjin dawaalalghan
    托运    行李   重量  二十 公斤    超过
    gua.
    不能

   托运行李重量不能超过二十公斤。
   Airline policy only allows checked luggage weighing less than twenty kilograms.
   Вес багажа не должен превышать двадцать килограммов.
   預けらる荷物の重量は二十キロまでです。

28. qinu uron shibape A zu wa.
    你的 座位 十八排 A 座 是

   你的座位是18排A座。
   Your seat is Row 18 Seat A.
   Ваше место 18 ряд A.
   あなたの席は18列のA席です。

29. qi njeen uronnu sghan sau.
    你 自己的 座位 好好 坐

    请你在自己的座位上坐好。
    Please take your seat!
    Займите своё место.
    自分の席に座ってください。

30. qi anquande sghan bangla.
    你 安全带 好好 系

    请你系好安全带。
    Please fasten your safety belt.
    Пожалуйста, пристегните ремень безопасности.
    シートベルトをしっかり締めてください。

31. fizi nesixja. bijing huinoxi sgeya!
    飞机 起飞了 北京 再 见

    飞机起飞了，北京，再见！
    The plane is taking off. Goodbye, Beijing.
    Самолёт взлетает. До свидания, Пекин!
    飛行機が離陸しました。さようなら、北京！

# （十四）binguan
## 宾　馆
## Hotel
## Гостиница
## ホテル

1. ne ghajar binguanna nuu?
   这　里　　宾馆吗

   这是宾馆吗？
   This is a hotel, isn't it?
   Это гостиница?
   ここはホテルですか？

2. qi binguanre sauna nuu?
   你　宾馆　　住　吗

   对，你要住宾馆吗？
   Yes, it is. Do you need a room?
   Да, Вам нужно снять номер?
   はい。お泊りですか？

3. nimbii, bu nige ku danrenjen hgileni.
   是的　我　一　个　单人间　　要

   是的，我要一个单人间。
   Yes. I'd like a single room.
   Да, мне нужен одноместный номер.
   はい、シングルルームお願いします。

4. bu sizojen dailasan kefang hgileni.
   我　洗澡间　　带　　客房　要

   我要带洗澡间的客房。
   I want one with a bathroom.
   Мне нужен номер с ванной.
   シャワー付きの部屋をお願いします。

5. nige xulong amatihaan hgilenii?
   一　　晚　　多少钱　　需要

   住宿一天多少钱？
   How much is it per night?
   Сколько за сутки?
   一泊いくらですか？

6. qi kididu (r) saugunii?
   你　几天　　　住

   你要住几天？

   How long will you be staying?

   На сколько дней вы остановитесь?

   何泊泊まりますか？

7. nige xinci saugunii.
   一个 星期　　住

   住一个星期。

   For a week.

   На неделю.

   一週間泊まります。

8. qi shicenre sausa ulina nuu?
   你　十层　　住　可以吗

   你住十层可以吗？

   How about a room on 10th floor?

   На десятом этаже вас устроит？

   十階の部屋でよろしいですか？

9. bu wucen yixianu kifang saugu duralana.
   我 五层 以下 房间 住 想

   我想住五层以下的客房。

   Sorry, but I'd like a room on a floor below the 5th.

   Мне бы хотелось номер не выше пятого этажа.

   五階以下の部屋に泊まりたいです。

10. ne denzika tengi.
    这 登记卡 填

    请填写登记卡。

    Please fill in this registration form.

    Заполните анкету.

    宿泊カードに記入してください。

11. ne qinu fangmenka wa.
    这 你的  门卡  是

    这是你的房卡。

    Here is your room key.

    Вот ваша карточка.

    これがお部屋のカードキーです。

12. luguan uqigu ghaja（r）zicengre wa?
    旅馆   餐    厅   几层   有

    旅馆用餐处在几层?

    Does the hotel have a restaurant?

    На каком этаже ресторан?

    ホテルの食堂は何階にありますか?

13. yiceng aicengre iguo uqigu ghaja(r) waina.
    一层　二层　都　　餐厅　　　有

    一层和二层都有餐厅。

    Yes. You can find restaurants on the first and second floors.

    На первом и втором этаже.

    一階と二階、両方に食堂があります。

14. goorokun bangmanglaji xinlenu warina nuu?
    有人　　　帮忙　　行李　　拿吗

    有人帮助拿行李吗?

    Can someone help me with my luggage?

    Кто-нибудь поможет мне отнести вещи?

    荷物運びを手伝ってくれる人はいますか?

15. fuwuyuan qimu bangmangla xinlenu warina.
    服务员　你　　帮助　　行李　　拿

    服务员帮你拿行李。
    Don't worry. A porter will take your luggage to your room.
    Портье поможет отнести вещи.
    スタッフが手伝います。

16. qi munu xinlenu wari gerdu uro she.
    你 我的　行李　拿 房间里　 进

    请你把我的行李拿到房间。
    Please take the luggage up to my room.
    Пожалуйста, поднимите мой багаж в номер.
    私の荷物を部屋に運んでください。

17. gerdu　halong szu waina nuu?
　　房间里　热　水　有　吗

　　房间里有热水吗?

　　Is hot water available in my room?

　　В номере есть горячая вода?

　　部屋にお湯はありますか?


18. gerdu　　aishisi　xiosi halong szu waina.
　　房间里 二十四　小时　热　水　有

　　房间里 24 小时供应热水。

　　Yes, Sir (Madam or Miss). Hot water is available in all rooms 24 hours a day.

　　В номере круглосуточно есть горячая вода.

　　部屋には24 時間お湯があります。

19. linwaide darong densi denbinxiang waina.
    另外　　还　电视　　冰箱　　有

　　另外，还有电视机、电冰箱。
　　Plus, you can find a TV and fridge in your room.
　　Кроме того, ещё телевизор и холодильник.
　　このほか、テレビ、冷蔵庫もあります。

20. deel nghuajin fuwu waina nuu?
    衣服　洗　　服务　有　吗

　　有洗衣服务吗？
　　Do you have laundry service?
　　Есть ли прачечная?
　　クリーニングサービスはありますか？

21. waina. ndaasgenu ndireegu deel nghuajin jiagi ni
  有  我们 这里的 衣服 洗  价格
bonjena.
合理

  有，我们这里洗衣价格很合理。

  Yes, we offer a reasonably priced laundry service.

  Да, есть и цена приемлемая.

  あります。クリーニング代は高くありません。

22. ne zixing bingguanna?
  这 几星  宾馆

  这是几星级宾馆？

  What is the star rating for this hotel?

  Какого уровня это гостиница?

  ことらのホテルは星幾つですか？

23. wu xingji bingguanna.
    五　星级　　宾馆

   是五星级宾馆。

   This is a five star hotel.

   Это пятизвёздная гостиница.

   五つ星ホテルです。

24. changtu denhua bagha shdana nuu?
    长途　　电话　打　　能　　吗

   可以打长途电话吗？

   Can I make long – distance calls from my room?

   Можно ли делать междугородние звонки?

   長距離電話をかけられますか?

25. yilu  jedechure yajin jiaogisa changtu bagha
    一楼 接待处 押金 交　　长途　　打
    shdana.
    能

> 到一楼接待处交完押金才可以打长途。
>
> Yes, Sir. But a deposit is required you can pay it at the reception.
>
> Оставьте деньги на первом этаже у стойки администратора и можете звонить.
>
> 一階の応接カウンターから、代金前払いで長距離電話が掛けられます。

26. qi  ndaa malang shde liudendirenge dauda
    你 把我 明天　早上　　六点　　　叫
    bosilgha.
    醒

> 请你明早六点叫醒我。
>
> Please wake me up at 6:00 tomorrow morning.
>
> Разбудите меня в шесть часов утра.
>
> 明日朝六時に起こしてください。

27. ndaa chuangdange ra (l) jije ughu.
    給我　床单　　　换　　　给

   请换床单。

   Please change the sheets.

   Замените, пожалуйста, простыню.

   シーツを変えてください。

28. gerre nenge hambala.
    房间　一下　打扫

   请打扫一下房间。

   Please clean my room.

   Уберите, пожалуйста, номер.

   部屋を掃除してください。

29. zuiwan zidendure tuifanlana?
    最晚　几点　　　退房

   最晚几点退房?

   What's the latest I can check out?

   Когда нужно освободить номер?

   一番遅くて、何時にチェックアウトできますか?

30. bu ger tuiginii amatihaange seerwa?
    我 房间  退       多少      钱

    我要退房，多少钱？

    I'd like to check out.

    Я сдаю номер, сколько с меня?

    チェックアウトしたいです、いくらですか？

31. qi ndaa shouzunge kaigiji ughu.
    你 给我   收据      开     给

    请你给开个收据。

    I need a receipt.

    Чек, пожалуйста.

    領収書をください。

32. nenge binguangu fuwu saina.
    这    宾馆的    服务  好

    这宾馆的服务真好。

    This hotel has very good service.

    В этой гостинице хорошее обслуживание.

    このホテルのサービスは結構いいです。

## (十五) luyu
### 旅　游
### Travel
### Туризм
### 旅　行

1. qi　luyu　haudau　nuu?
   你　旅游　喜欢　　吗

   你喜欢旅游吗?
   Do you like travelling?
   Ты любишь путешествовать?
   あなたは旅行が好きですか?

2. bu luyudu haudauna.
   我　旅游　　喜欢

   我很喜欢旅游。
   Yes, indeed.
   Да, люблю.
   私は旅行が大好きです。

3. ndaasgenu kudugu kunsge luyudu duralana.
   我们　　　全家　人都　旅游　喜欢

   我们家里人都喜欢旅游。
   My family likes travelling.
   Вся моя семья любит путешествовать.
   私の家族はみんな旅行が好きです。

4. bu mulaa sihusa aaba aamalanaa hamdu luyulina.
   我　小　时候　父　　母　　一起　　旅游

   我从小就和父母一起旅游。
   I travelled a lot with my parents when I was a kid.
   Я с детства путешествовал с родителями.
   私は小さい時からよく両親と一緒に旅行をしました。

5. budasge sgesan zifang ulonna.
   我们　看了　地方　很多

   我们去看过很多名胜古迹。

   We have been to many great sites.

   Мы видели много достопримечательностей.

   私たちは多くの名所を見たことがあります。

6. kunsge tungu luyu ulon hughui dongshi suri shdana.
   人们　通过 旅游　多　非常　东西　学　可以

   人们通过旅游学到很多知识。

   Travelling teaches you a lot.

   Путешествия дают человеку много знаний.

   人々は旅行を通じて多くの知識を学びます。

7. qi chanchenre xji uu?
   你　长城　去了　吗

   你去过长城吗?

   Have you been to the Great Wall?

   Ты был на Великой стене?

   あなたは万里の長城に行ったことがありますか?

8. ghoor hui xjiwa.
   两　　次　去了

   去过两次。

   Yes. I've been there twice.

   Я был там два раза.

   二回行ったことがあります。

9. tasge darong anjii xjiwa?
   你们　还　哪里　去过

   你们还去过哪里？

   Any other great places?

   Куда еще вы ездили?

   あなたたちは、ほかにどこへ行ったことがありますか?

10. darong henan xjiwa.
    还　　海南　去了

    还去过海南。

    I've been to Hainan Island.

    Мы ещё были на острове Хайнань

    海南島にも行ったことがあります。

11. tesge bifangnu coyuanre xjija.
    他们 北方的 草原 去过

    他们去过北方的草原。
    They've been to the prairie in the North.
    Они ездили на север в степь.
    彼らは北方の草原に行ったことがあります。

12. zhungui luyulijin ghaja（r）ulonna.
    中国 旅游 地方 很多

    在中国旅游的地方有很多。
    There are lots of great tourism sites in China.
    В Китае много мест, которые стоит посетить.
    中国には、観光地がとても多いです。

13. qi luyulire iresan uu?
    你 旅游 来的 吗

    你是来旅游的吗?
    You are a tourist, are you?
    Вы турист?
    旅行でこちらへみえたのですか?

14. nimbii, bu luyulegula duralani.
    是    我  旅游    爱好

　　是的，我是一名旅游爱好者。
　　Yes, I am.
　　Да, я любитель туризма.
　　はい、私は旅行好きです。

15. liuyu menpio awusa amatihange seerwa?
    旅游  门票  买     多少       钱

　　旅游门票多少钱？
　　How much is admission to the park?
　　Сколько стоит входной билет?
　　入場券はいくらですか？

16. nige kun shiba kuai wa.
    一个 人  十八  块

　　每人十八元钱。
　　18 yuan per person.
　　Восемнадцать юаней.
　　一人十八元です。

17. tudoro ni luyu basi wainanyu?
    里面　　旅游 巴士　　有吗

    里面有旅游巴士吗？

    Is a shuttle bus available?

    Там есть туристический автобус?

    そこには観光バスがありますか？

18. luyuladela igua luyu basi sauna.
    旅游　　　都 旅游 巴士 坐

    旅游时都要乘坐旅游巴士。

    Yes, we provide it to the tourists.

    Во время путешествия надо ехать на туристическом автобусе.

    観光のときはみんな観光バスに乗ります。

19. taha  doyu  hɡilena nuu?
    你们 导游  需要   吗

    你们需要导游吗？

    Do you need a guide?

    Вам нужен экскурсовод?

    あなたたちはガイドが要りますか？

20. nige  kun  doyunge  hɡilena.
    一个  人   导游    需要

    需要一名导游。

    Yes, we do.

    Да, нужен экскурсовод.

    はい。一人必要です。

21. doyu  yinyu  ɡule  shdananyu?
    导游  英语   说    会吗

    导游会说英语吗？

    Does the guide speak English?

    Говорит ли экскурсовод по－английски?

    ガイドさんは英語が話せますか？

22. tenu yinyu fiping saini huaiwa.
    她　英语　水平　好　　很

　　她的英语很好。

　　Yes, she speaks English very well.

　　Она хорошо говорит по‐английски.

　　彼女の英語は大変上手です。

23. qi daigii ndiree ireyu?
    你 过去　这里　来过吗

　　你过去来过这里吗?

　　Have you been here before?

　　Раньше Вы были здесь?

　　あなたは以前、ここに来たことがありますか?

24. aagui, nige huide ireji gui.
    没有　　一　次都　来　没

　　没有，一次都没有来过。

　　No, I haven't.

　　Нет, ни разу.

　　いいえ、一度もありません。

25. bu  ziyici  ireruo.
    我 第一次 来这里

    我第一次来这里。

    This is my first visit.

    Я здесь первый раз.

    私は初めてここに来ています。

26. ndireegu ula shzunha sghan ghulo.
    这里的  山   水   美   特别

    这里的山水真美。

    It's a fantastic place.

    Здесь очень красиво.

    ここの風景は本当に美しいですね。

27. diu  ndireexi ulonhui fengjingzho pailaja.
    弟弟  这里   许多次   风景照     拍了

    弟弟在这里拍了许多风景照。

    My elder brother has taken lots of photos.

    Брат сделал здесь много фотографий.

    弟はここで、写真をたくさん撮りました。

28. bu zengde tigii sghan ula shzun sgeji gua.
    我　真的　这么　美丽的　山　水　见过　没

   我真没有见过如此美丽的山水。
   I have never seen anything more beautiful.
   Я никогда не видел такой красоты.
   私はこんな美しい景色を見たことがないです。

29. bu heben xjigu duralana darong coyuanra xjigu duralana.
    我　海边　去　喜欢　还　草原　去　喜欢

   我喜欢海边，也喜欢草原。
   I love the beach and also the grasslands.
   Я люблю море и степь тоже.
   私は海が好き、草原も好きです。

# 土族语基础词汇300例

| 序号 | 汉语 | 土族语 | 英语 | 俄语 | 日语 |
|---|---|---|---|---|---|
| 1 | 天 | tinger | sky | небо | 天 |
| 2 | 地 | hara ghajar | land | земля | 大地 |
| 3 | 云 | ulong | cloud | облоко | 雲 |
| 4 | 风 | kii | wind | ветер | 風 |
| 5 | 雨 | huraa | rain | дождь | 雨 |
| 6 | 雪 | qasi | snow | снег | 雪 |
| 7 | 雷 | nogxjil | thunder | гром | 雷 |
| 8 | 彩虹 | sulongghu | rainbow | радуга | 虹 |
| 9 | 太阳 | nara | sun | солнце | 太陽 |
| 10 | 月亮 | sara | moon | луна | 月 |
| 11 | 星星 | foodi | star | звезда | 星 |

续表

| 序号 | 汉语 | 土族语 | 英语 | 俄语 | 日语 |
|---|---|---|---|---|---|
| 12 | 山 | ula | mountain | гора | 山 |
| 13 | 岩石 | ghadaa | rock |ород | 岩石 |
| 14 | 石头 | tash | stone | камень | 石 |
| 15 | 土 | xiruu | earth | почва | 土 |
| 16 | 沙子 | xaaxi | sand | песок | 砂 |
| 17 | 水 | szu | water | вода | 水 |
| 18 | 江 | muroon | long river | река | 川 |
| 19 | 河 | raal | river | река | 河 |
| 20 | 湖 | noor | lake | озеро | 湖 |
| 21 | 海 | dalii | sea | море | 海 |
| 22 | 泉 | bulag | spring | источник | 泉 |
| 23 | 火 | ghal | fire | огонь | 火 |
| 24 | 树、木 | moodu | tree/wood | дерево | 木 |
| 25 | 树枝 | sala | branch | ветка | 枝 |
| 26 | 树叶 | labji | leaf | лист | 葉 |
| 27 | 树根 | xjuur | root | корень дерева | 根 |

续表

| 序号 | 汉语 | 土族语 | 英语 | 俄语 | 日语 |
|---|---|---|---|---|---|
| 28 | 花 | qijig | flower | цветы | 花 |
| 29 | 草 | usi, yesi, wesi | grass | трава | 草 |
| 30 | 年 | fon | year | год | 年 |
| 31 | 今年 | nong | this year | этот год | 今年 |
| 32 | 明年 | maghaxi | next year | следующий год | 来年 |
| 33 | 去年 | shdanong | last year | прошлый год | 去年 |
| 34 | 春 | hawur | spring | весна | 春 |
| 35 | 夏 | yer, yar | summer | лето | 夏 |
| 36 | 秋 | namur | autumn | осень | 秋 |
| 37 | 冬 | rgul | winter | зима | 冬 |
| 38 | 月份 | sara | month | месяц | 月 |
| 39 | 星期、周 | xingqi | week | неделя | 曜日 |
| 40 | 日、天 | dur | day | день | 日 |
| 41 | 今天 | niudur | today | сегодня | 今日 |
| 42 | 明天 | malang, maghaxi | tomorrow | завтра | 明日 |

续表

| 序号 | 汉语 | 土族语 | 英语 | 俄语 | 日语 |
|---|---|---|---|---|---|
| 43 | 昨天 | qigudur | yesterday | вчера | 昨日 |
| 44 | 早晨 | shdeqi | morning | утро | 朝 |
| 45 | 晚上 | xulong | evening | вечер | 晚 |
| 46 | 动物 | amuten | animal | животный | 動物 |
| 47 | 虎 | bars | tiger | тигр | 虎 |
| 48 | 狮子 | singi | lion | лев | ライオン |
| 49 | 熊 | guajaar, | bear | медведь | 熊 |
| 50 | 狼 | kadam | wolf | волк | おおがみ |
| 51 | 狐狸 | funige | fox | лисица | 狐 |
| 52 | 鹿 | xaa, bughu | deer | олень | 鹿 |
| 53 | 大象 | alangwuqee | elephant | слон | 象 |
| 54 | 野猪 | hghai | wild boar | кабан | イノシシ |
| 55 | 猴子 | muqin | monkey | обезьяна | サル |
| 56 | 兔子 | tooli | rabbit | заяц | 兎 |
| 57 | 老鼠 | lauxi | mouse | мышь | 鼠 |
| 58 | 蛇 | moghui | snake | змей | 蛇 |
| 59 | 龙 | liu | dragon | дрокон | 竜 |

续表

| 序号 | 汉语 | 土族语 | 英语 | 俄语 | 日语 |
|---|---|---|---|---|---|
| 60 | 鸟 | xau | bird | птица | 鳥 |
| 61 | 燕子 | harabqighai | swallow | ласточка | 燕 |
| 62 | 大雁 | ghaaghalau | wild goose | дикий гусь | ヒシグイ |
| 63 | 喜鹊 | sajighai | magpie | сорока | カササギ |
| 64 | 乌鸦 | kiree | crow | ворона | 鴉 |
| 65 | 老鹰 | saar, hara saar | eagle | коршун | トビ |
| 66 | 天鹅 | ghong | swan | лебедь | 白鳥 |
| 67 | 布谷鸟 | gugu | cuckoo | кукушка | カッコウ |
| 68 | 啄木鸟 | moqi xau | woodpecker | дятел | キツツキ |
| 69 | 鱼 | jighasi | fish | рыба | 魚 |
| 70 | 乌龟 | wugui | turtle | черепаха | 亀 |
| 71 | 青蛙 | sbaawag | frog | лягушка | 蛙 |
| 72 | 虾 | xia | shrimp | рак | 海老 |
| 73 | 虫子 | hurghai | insect | насекомые | 虫 |
| 74 | 蜜蜂 | zongnaa | bee | пчёлы | ミツバチ |
| 75 | 蝴蝶 | xambalaxji | butterfly | бабочка | 蝶々 |

续表

| 序号 | 汉语 | 土族语 | 英语 | 俄语 | 日语 |
|---|---|---|---|---|---|
| 76 | 蜻蜓 | qintin | dragonfly | стрекоза | とんぼ |
| 77 | 苍蝇 | xamsuul, xalsuu | fly | муха | 蝿 |
| 78 | 蚊子 | ximul | mosquito | комар | 蚊 |
| 79 | 蜘蛛 | haahai | spider | паук | 蜘蛛 |
| 80 | 蚂蚱 | qaarjag | locust | саранча | イナゴ |
| 81 | 蚂蚁 | xorghuljin | ant | муравей | 蟻 |
| 82 | 蟑螂 | biixaa | cockroach | таракан | ナンキンムシ |
| 83 | 蚯蚓 | quyin | earthworm | дождевой червь | 蚯蚓 |
| 84 | 牛 | fugor, hugor, aasi | cow/ox | бык | 牛 |
| 85 | 马 | mori | horse | лошадь | 馬 |
| 86 | 羊 | huni | sheep/goat | баран | 羊 |
| 87 | 驴 | jige | donkey | осел | ロバ |
| 88 | 骆驼 | timeen | camel | верблюд | 駱駝 |
| 89 | 猪 | hghai | pig | свинья | 豚 |

续表

| 序号 | 汉语 | 土族语 | 英语 | 俄语 | 日语 |
|---|---|---|---|---|---|
| 90 | 鸡 | tighau, taghau | chicken | кульца | 鶏 |
| 91 | 鸭子 | yaazi | duck | утка | 鴨 |
| 92 | 鸽子 | ngusge | pigeon | голубь | ハト |
| 93 | 猫 | mauxi | cat | кошка | 猫 |
| 94 | 狗 | nohui | dog | сопака | 犬 |
| 95 | 毛 | szu, nghuasi | fur | меха | 毛 |
| 96 | 翅膀 | saar, saabang | wing | крылья | 翼 |
| 97 | 皮子 | arasi | skin/leather | кожа | 皮 |
| 98 | 尾巴 | suul | tail | хвост | 尻尾 |
| 99 | 角 | wer | horn | рог | 角 |
| 100 | 骨头 | yasi | bone | кость | 骨 |
| 101 | 人 | kun | person | человек | 人 |
| 102 | 身体 | buye | body | тело | 身体 |
| 103 | 头 | tolghui, tiruu | head | голова | 頭 |

续表

| 序号 | 汉语 | 土族语 | 英语 | 俄语 | 日语 |
|---|---|---|---|---|---|
| 104 | 头发 | szu | hair | волосы | 髪の毛 |
| 105 | 额头 | manlei | forehead | лоб | おでこ |
| 106 | 脸 | niur | face | лицо | 顔 |
| 107 | 眉毛 | hanasgha | brow | бровь | 眉毛 |
| 108 | 眼睛 | nudu | eye | глаз | 目 |
| 109 | 鼻子 | hawar | nose | нос | 鼻 |
| 110 | 嘴 | ama | mouth | рот | 口 |
| 111 | 牙 | shdi | tooth | зубы | 歯 |
| 112 | 耳朵 | qigi | ear | ухо | 耳 |
| 113 | 脖子 | guji | neck | шея | 首 |
| 114 | 肩膀 | daalii | shoulder | плечо | 肩 |
| 115 | 腰 | nure | waist | талия | 腰 |
| 116 | 手 | ghar | hand | рука | 手 |
| 117 | 指头 | huri | finger | палец | 指 |
| 118 | 肚子 | keele（n） | stomach | живот | お腹 |
| 119 | 脚 | kol | foot | ноги | 足 |
| 120 | 心脏 | jirge | heart | сердце | 心臓 |

续表

| 序号 | 汉语 | 土族语 | 英语 | 俄语 | 日语 |
|---|---|---|---|---|---|
| 121 | 肝脏 | helge | liver | печение | 肝臓 |
| 122 | 肾脏 | booro | kidney | почка | 腎臓 |
| 123 | 肺 | oosgi, oosgu | lung | легкое | 肺 |
| 124 | 胆 | suulje | gall | жёлчь | 胆 |
| 125 | 肠 | gidesi | intestines | кишка | 腸 |
| 126 | 胃 | gujee | stomach | желудок | 胃 |
| 127 | 血 | qisi | blood | кровь | 血 |
| 128 | 肉 | maha | flesh | мясо | 肉 |
| 129 | 汗 | kunorsi | sweat | пот | 汗 |
| 130 | 泪 | nimpusi | tear | слёзы | 涙 |
| 131 | 爷爷 | aadee | grandpa | дедушка | お爺さん |
| 132 | 奶奶 | aanee | grandma | бабушка | お婆さん |
| 133 | 爸爸 | aaba | father | папа | お父さん |
| 134 | 妈妈 | aama | mother | мама | お母さん |
| 135 | 丈夫 | lauhan | husband | муж | 旦那 |
| 136 | 妻子 | beri | wife | жена | 妻 |

续表

| 序号 | 汉语 | 土族语 | 英语 | 俄语 | 日语 |
|---|---|---|---|---|---|
| 137 | 哥哥 | awu, aaja, agha | brother | старший брат | お兄さん |
| 138 | 姐姐 | aaji, ijee | sister | старшая сестра | お姉さん |
| 139 | 弟弟 | diu | brother | младший брат | 弟 |
| 140 | 妹妹 | xjun diu | sister | младшая сестра | 妹 |
| 141 | 儿子 | kuu | son | сын | 息子 |
| 142 | 女儿 | xjun, aagu | daughter | дочь | 娘 |
| 143 | 孙子 | aaqi, sunzi | grandson | внук | 孫 |
| 144 | 姑姑 | aagu | aunt | тетя | 叔母 |
| 145 | 叔叔 | aaga | uncle | дядя | 叔父 |
| 146 | 姨姨 | aayi | aunt | тетя | 叔母 |
| 147 | 舅舅 | aaju | uncle | дядя | 叔父 |
| 148 | 朋友 | nukor | friend | друг | 友達 |
| 149 | 官 | nuyoon | official | чиновник | 官吏 |
| 150 | 医生 | smambaa | doctor | доктор | 医者 |
| 151 | 教师 | baghaxi | teacher | учитель | 教師 |

续表

| 序号 | 汉语 | 土族语 | 英语 | 俄语 | 日语 |
|---|---|---|---|---|---|
| 152 | 职工 | zigong | clerk | персонал | 職員 |
| 153 | 农民 | taraaqi, zhongjaqi | farmer | крестьян | 農民 |
| 154 | 学生 | surijin | student | студент | 学生 |
| 155 | 学校 | surghaal | school | школа | 学校 |
| 156 | 食堂 | uqigu ghajar | dinning hall | столовая | 食堂 |
| 157 | 商场 | shangden | department store | магазин | デパート |
| 158 | 医院 | yiyuan | hospital | больница | 病院 |
| 159 | 房子 | ger | house | дом | 家 |
| 160 | 宾馆 | saugu ghajar | hotel | отель | ホテル |
| 161 | 门 | ude | door | дверь | ドア |
| 162 | 窗户 | qonggong | window | окно | 窓 |
| 163 | 桌子 | xiree | table/desk | стол | テーブル |
| 164 | 椅子 | bangdang | chair | стул | 椅子 |
| 165 | 碗 | yagha | bowl | чаша | 碗 |
| 166 | 盘子 | tawag | plate | тарелка | お皿 |

续表

| 序号 | 汉语 | 土族语 | 英语 | 俄语 | 日语 |
|---|---|---|---|---|---|
| 167 | 筷子 | xuur | chopsticks | палочки | お箸 |
| 168 | 勺子 | shao | spoon | ложка | スプン |
| 169 | 羹匙 | gengci | spoon | ложка | レンゲ |
| 170 | 饭 | mifan | rice | рис | ご飯 |
| 171 | 菜 | sai | dish | овоши | 野菜 |
| 172 | 面包 | menbo | bread | хлеб | パン |
| 173 | 牛奶 | niune | milk | молоко | 牛乳 |
| 174 | 咖啡 | kafei | coffee | кофе | コーヒー |
| 175 | 茶 | qaa, mangja | tea | чай | お茶 |
| 176 | 酒 | duraasi | alcohol | вино | お酒 |
| 177 | 油 | toosi | oil | масло | 油 |
| 178 | 鸡蛋 | ndige | egg | яйцо | 卵 |
| 179 | 米饭 | mifan | rice | рис | ご飯 |
| 180 | 汽车 | tirge | car | машина | 車 |
| 181 | 火车 | ghal tirge | train | поезд | 汽車 |
| 182 | 飞机 | fuji | plane | самолёт | 飛行機 |

续表

| 序号 | 汉语 | 土族语 | 英语 | 俄语 | 日语 |
|---|---|---|---|---|---|
| 183 | 公交车 | gongjaotirge | bus | автобус | バス |
| 184 | 电话 | denhua | telephone | телефон | 電話 |
| 185 | 道路 | moor | road | дорога | 道路 |
| 186 | 衣服 | deel | clothes | одежда | 洋服 |
| 187 | 鞋子 | hai | shoe | туфли | 靴 |
| 188 | 帽子 | malgha, jala | hat/cap | шляпа | 帽子 |
| 189 | 上衣 | hughur deel | coat | пальто | 上着 |
| 190 | 裤子 | mulaa deel | pants/trousers | брюки | ズボン |
| 191 | 裙子 | hurmii | dress | платье | スカート |
| 192 | 价格 | nem | price | цена | 値段 |
| 193 | 钱 | seer | money | деньги | お金 |
| 194 | 我 | bu | I | я | 私 |
| 195 | 你 | qi | you | ты | あなた |
| 196 | 她/他 | te | she/he | он, она | 彼女＊彼 |
| 197 | 我们 | budangula, budasge | we | мы | 私たち |

续表

| 序号 | 汉语 | 土族语 | 英语 | 俄语 | 日语 |
|---|---|---|---|---|---|
| 198 | 你们 | tangula, tasge | you | вы | あなたたち |
| 199 | 他们 | tengula, tesge | they | они | 彼ら |
| 200 | 这 | ne | this | это | これ |
| 201 | 那 | te | that | то | それ，あれ |
| 202 | 哪 | ali | which | где | どれ |
| 203 | 谁 | ken | who | кто | だれ |
| 204 | 什么 | yaan | what | что | なに |
| 205 | 多少 | kidihaange | how many/much | сколько | いくら |
| 206 | 几个 | kidi | how many | несколько | いくつ |
| 207 | 上 | dire | up | наверху | 上 |
| 208 | 下 | dooro | down | внизу | 下 |
| 209 | 前 | muxi | front | перед | 前 |
| 210 | 后 | huino | back | зади | 後 |
| 211 | 中 | turo, dunda | middle | середина | 中 |

续表

| 序号 | 汉语 | 土族语 | 英语 | 俄语 | 日语 |
|---|---|---|---|---|---|
| 212 | 里 | turo, dooro, tudor | inside | внутри | 中 |
| 213 | 外 | ghada | outside | вне | 外 |
| 214 | 好 | sain | good | хорошо | よい |
| 215 | 坏 | mau | bad | плохо | 悪い |
| 216 | 快 | ghurdin | quick/fast | быстро | 速い |
| 217 | 慢 | suidaa, udaan | slow | медленно | 遅い |
| 218 | 大 | shge | big/large | большой | 大きい |
| 219 | 小 | mula | small | маленький | 小さい |
| 220 | 高 | undur | tall/high | высокий | 高い |
| 221 | 低 | bughun | low | низкий | 低い |
| 222 | 宽 | urgon, au, uu | wide | широкий | 広い |
| 223 | 窄 | yuutan, uitan | narrow | узкий | 狭い |
| 224 | 厚 | jujaan, zhuzhuan | thick | толстый | 厚い |
| 225 | 薄 | ningen, xingen | thin | тонкий | 薄い |

续表

| 序号 | 汉语 | 土族语 | 英语 | 俄语 | 日语 |
|---|---|---|---|---|---|
| 226 | 长 | shdur, fudur | long | долкий | 長い |
| 227 | 短 | hughur | short | короткий | 短い |
| 228 | 冷 | kuiden | cold | холодный | 冷たい |
| 229 | 暖 | halong | warm | тёплый | 暖かい |
| 230 | 热 | halong | hot | горячий | 熱い |
| 231 | 新 | xini | new | новый | 新しい |
| 232 | 旧 | haujin, hauqin | old | старый | 古い |
| 233 | 直 | tusdaanla | straight | прямой | まっすぐ |
| 234 | 红 | fulaan | red | красный | 赤 |
| 235 | 黄 | xira | yellow | жёлтый | 黄色 |
| 236 | 黑 | hara | black | чёрный | 黒 |
| 237 | 白 | qighaan | white | белый | 白 |
| 238 | 绿 | nughoon | green | зелёный | 緑 |
| 239 | 蓝 | kugo | blue | синий | 青 |
| 240 | 说 | gule-, gule gi- | say | говорить | 話す |

续表

| 序号 | 汉语 | 土族语 | 英语 | 俄语 | 日语 |
|---|---|---|---|---|---|
| 241 | 叫 | dauda | call | позвать | 呼ぶ |
| 242 | 喊 | qagraa-, huja- | shout | кричать | 叫ぶ |
| 243 | 吃 | ide-, xiigi- | eat | есть | 食べる |
| 244 | 喝 | uqi-, uu-, ndasi- | drink | пить | 飲む |
| 245 | 看 | sge-, uje-, nau- | look/see | смотреть | 見る |
| 246 | 听 | sunosi-, qangla-, | listen/hear | слушать | 聞く |
| 247 | 闻（用鼻子） | funisi-, neeshde- | smell | нюхать | 嗅ぐ |
| 248 | 做 | uilgha-, gi-, gala- | do | делать | やる |
| 249 | 教 | surghaa-, jaa- | teach | научить | 教える |
| 250 | 学 | suri-, pujig moxi- | learn | учить | 学ぶ |

续表

| 序号 | 汉语 | 土族语 | 英语 | 俄语 | 日语 |
|---|---|---|---|---|---|
| 251 | 想 | muula-, sana-, | think | думать | 思う |
| 252 | 抓 | wari-, gharla-, | grasp | поймать | つかむ |
| 253 | 拿、要 | awu-, wari- | take | взять | 取る、いる |
| 254 | 拉 | jauji tida-, laula- | drag | тянуть | 引っ張る |
| 255 | 推 | turgu-, tulgi- | pull | толкать | 押す |
| 256 | 抱 | teeri- | hug | обниматься | 抱く |
| 257 | 打 | janqi-, ghada-, | hit | бить | 打つ |
| 258 | 坐 | sau- | sit | сидеть | 座る |
| 259 | 站 | posi- | stand | стоять | 立つ |
| 260 | 踩 | taagi- | step on | топтать | 踏む |
| 261 | 走 | yau- | walk | итди | 歩く |
| 262 | 跑 | guai-, hauli-, jurola- | run | бегать | 走る |
| 263 | 抬 | jii- | lift | поднимать | 上げる |

续表

| 序号 | 汉语 | 土族语 | 英语 | 俄语 | 日语 |
|---|---|---|---|---|---|
| 264 | 进 | uro-, pagda- | enter | водить | 入る |
| 265 | 出 | ghari- | exit | выйти | 出る |
| 266 | 放 | gee-, tai-, tee- | put | положить | 置く |
| 267 | 洗 | nghua-, baala- | wash | стирать | 洗う |
| 268 | 擦 | surgu- | wipe | тереть | 拭く |
| 269 | 挂 | guala- | hang | висеть | 掛ける |
| 270 | 生气 | jiila-, qinjilaa- | angry | сердиться | 怒る |
| 271 | 生 | turo- | birth | родиться | 生む |
| 272 | 死 | hugu-, guili- | die | умирать | 死ぬ |
| 273 | 怕 | ayi- | afraid | бояться | 怖がる |
| 274 | 忘 | mashdaa- | forget | забыть | 忘れる |
| 275 | 知道 | tani-, mude- | know | знать | 知る |
| 276 | 休息 | hamburaa- | rest | отдыхать | 休む |

续表

| 序号 | 汉语 | 土族语 | 英语 | 俄语 | 日语 |
|---|---|---|---|---|---|
| 277 | 睡 | ntiraa-, noor ntiraa- | sleep | спать | 寝る |
| 278 | 醒 | serge | wake | просыпаться | 覚める |
| 279 | 一 | nige | one | один | 一 |
| 280 | 二 | ghoor | two | два | 二 |
| 281 | 三 | qhuraan | three | три | 三 |
| 282 | 四 | deeren | four | четыре | 四 |
| 283 | 五 | taawun | five | пять | 五 |
| 284 | 六 | jirghoon | six | шесть | 六 |
| 285 | 七 | duloon | seven | семь | 七 |
| 286 | 八 | naiman | eight | восемь | 八 |
| 287 | 九 | shzin | nine | девять | 九 |
| 288 | 十 | haran | ten | десять | 十 |
| 289 | 二十 | hurin | twenty | двадцать | 二十 |
| 290 | 五十 | tayin | fifity | пятьдесят | 五十 |
| 291 | 百 | jong | hundred | сто | 百 |
| 292 | 千 | menhen | thousand | тысяча | 千 |

续表

| 序号 | 汉语 | 土族语 | 英语 | 俄语 | 日语 |
|---|---|---|---|---|---|
| 293 | 万 | tumun | ten thousand | десять тысяч | 万 |
| 294 | 亿 | dongxur | hundred million | сто милиион | 億 |
| 295 | 都 | ili, bur, xjanga | all | совсем | すべて |
| 296 | 很 | ghola | very | очень | とても |
| 297 | 非常 | naama, hughui | extremely | чрезвычайно | 非常に |
| 298 | 已经 | kujaa | already | уже | すでに |
| 299 | 马上 | maka, makahaan, isge, darang | at once | сразу | すぐに |
| 300 | 然后 | tana | then | потом | それで |

# 土族节日

| 节日日程 | 节日名称 | 节日主要内容 |
|---|---|---|
| 三月初三 | 三月三 | 汉族及多个少数民族的传统节日,时间为农历三月初三。古称上巳节。相传"三月三"是黄帝的诞辰,中国自古有"二月二,龙抬头;三月三,生轩辕"的说法。魏晋以后,上巳节改为"三月三",后代沿袭,遂成人们水边饮宴、郊外游春的节日 |
| 四月初八 | 庙会 | 庙会,又称"庙市"或"节场",是指人们汇聚在寺庙附近,进行祭神、娱乐和购物等活动。庙会是民间广为流传的一种传统民俗活动 |
| 六月十一日 | 丹麻戏会 | 互助土族自治县丹麻乡丹麻村于每年农历六月十一日至十五日唱青苗戏,同时制定乡规民约,加强护青措施。远近群众赴会看戏,故称"丹麻戏"。丹麻戏会的影响波及整个互助东部地区,各族群众特别是土族群众着节日盛装, |

续表

| 节日日程 | 节日名称 | 节日主要内容 |
|---|---|---|
| 六月十一日 | 丹麻戏会 | 从四面八方聚集到丹麻戏场上,男女老少喜笑颜开,游人三五成群、四六成伙,或全家,或亲戚朋友,或歌伴挚友……一簇簇、一圈圈围坐在草坪上、溪流旁、林荫间、桥栏上,叙谈人生哲理;尤以民歌歌手、"花儿"王最为活跃,他们以歌声表达对幸福生活的憧憬。土族姑娘和小伙子们则穿上新衣服,佩带上各式华美的饰物,寻找各自的意中人 |
| 七月二十三日至九月 | "纳顿"(庆丰收会) | "纳顿",在土语中是玩笑、欢乐的意思,是青海省民和回族土族自治县土族人民喜庆丰收的节日。因为纳顿的狂欢是自农历七月起,故也称为"七月会"。届时,除进行赛马、摔跤、武术和唱"花儿"等传统娱乐活动外,还举行物资交流会 |

# 后　语

在我国55个少数民族的366句会话系列读本的编写过程中，我们得到了中国社会科学院有关领导、科研局，社会科学文献出版社的大力支持和关心，得到了民族同胞们的发音合作、口语资料的提供及协助整理调查。此外，中国社会科学院研究生院王晓明教授进行了英语口语翻译、栗瑞雪副教授进行了俄语口语翻译，中国社会科学院民族学与人类学研究所布日古德博士进行了日语口语翻译工作。特别是，该课题组成员和编辑人员的高度使命感、责任心和敬业态度及其精神使这一富有语言文化抢救、保护、传承、弘扬性质的民族语言口语知识课题得以按部就班地顺利实施，并按原定计划予以出版。我们真诚地希望，这一55个少数民族的366句会话读本，能够为我国民族语言文化的繁荣发展发挥应有作用，同时对我国民族语言文化知识的传承、传播，以及对外宣传我国民族语言文化保护政策起到积极的推

动作用。

在此，对关心民族语言文化事业的人们，以及为此付出辛勤劳动和心血的人们，再一次表示深深的谢意和最崇高的敬意！但愿，我们的这套丛书，能够留下我们共同度过的快乐的劳动时光，能够留下我们美好的心愿，能够留下这些弥足珍贵的人类语言知识和文化遗产。

# Postscript

During the preparation of this series, we received a lot of support and encouragement from the leadership of the Chinese Academy of Social Sciences, the Research Bureau and the Social Sciences Academic Press. Our national compatriots also cooperated with us by helping us with the pronunciation of their ethnic minority language and the organization of oral materials. We want to thank Professor Wang Xiaoming of the Graduate School of the Chinese Academy of Social Sciences for the oral English translation and Associate Professor Li Ruixue, who also works in the Graduate School of the Chinese Academy of Social Sciences for the oral Russian translation. We are also grateful to Dr. Buri Gude, a researcher with the Chinese Academy of Social Sciences, for his oral Japanese translation. In particular, all the participants in this project showed a strong sense of commitment in completing the research and its publication successfully. We sincerely hope that this collection of 366 sentences in 55 minority ethnic languages can play a role in promoting the flourishing and development of China's ethnic languages and cultures, and in the preservation and dissemination of our ethnic language heritage. We also hope that, it can be helpful toward allowing the international community to better understand China's policies for ethnic language preservation.

Here, we once again express our deep gratitude toward and the highest respect for the people who have been concerned about our nation's ethnic languages and cultures and working hard in this field. Finally, we hope this series can provide a record of the wonderful time we spent together working on this project, and of our best wishes for our nation's cultures. In the meantime, we hope it can preserve our precious human language knowledge and cultural heritage.

# Заключение

Когда мы составляли эту серию 《366 фраз диалогических речей по 55 национальностям Китая》, мы получили большую поддержку и заботу от руководителей АОН, от руководителей из научно-исследавательского бюро АОН, от руководителей из Издательства документов общественных наук. Мы ещё получили эффективное сотрудничесво по произношении и предоставлении разговорных информациях от товарищей национального меньшинства. В этой книге часть на английском языке переведена профессором Вань Саомин, часть на русском языке переведена профессором Су ЖуйЩей, часть на японскои языке переведена доктором Бургуде. Все наши работники прилежно работали с миссей и чувством и поэтому выполнили эту задачу во срок.

Надеемся на то, чтобы 《366 фраз диалогических речей по 55 национальностям Китая》 могли играть достоинную роль в деле процветании и развитии национальных языковых культур нашей страны.

Хотим ещё раз благодарить всем, которые отдали свои усердный труд для этих книг, и выразить им наше глубокое уважение. Будем всегда запомнить такое прекрасное время, когда мы вместе работали над этими книгами. Желаем, приложив совместные усилия, чтоюы мы смогли сохранить эти драгоценные знания национальных языков и культурное наследство человечества.

# あとがき

　55の少数民族の366句会話読本シリーズを編纂するにあたって、中国社会科学院・科研局・社会科学院文献出版社の関係各位から、多大な支持と関心が寄せられた。同時に、当該民族のインフォーマントの方々から、発音と口語資料整理につき、数々の御協力を得ることが出来た。さらに、中国社会科学院研究生院の王暁明教授に英訳、栗瑞雪副教授にロシア語訳、当院の民族学・人類学研究所の布日古德博士に日本語訳をお願いした。

　プロジェクトのメンバーと編集者は、出版にあたって、強い使命感と責任感をもって取り組んだが、そのためプロジェクトは順調に進み、計画通り出版されるに至った。

　この366句会話資料が、私達の国の民族言語文化の繁栄と発展に寄与すると同時に、民族言語文化知識

の伝承や民族言語文化の保護などの優れた民族政策を、対外的に宣伝する役割を果たすことを切実に願っている。最後に再び、言語文化事業に関心を寄せる人、またこの事業に心血を注いだ方々に、心からの謝意と敬意を払いたいと思う。この読本シリーズが出版されることにより、人類の貴重な言語知識と文化遺産が記録されるのは当然のこととして、さらに、私達が作業に励んだ楽しい時間や、なによりも私達の心からの願いが記録されることであろう。

### 图书在版编目（CIP）数据

土族语366句会话句/K.D.布日古德著. —北京：社会科学文献出版社，2014.4
ISBN 978-7-5097-5769-7

Ⅰ.①土… Ⅱ.①布… Ⅲ.①土族语-口语 Ⅳ.①H231.94

中国版本图书馆CIP数据核字（2014）第044432号

### 土族语366句会话句

著　　者／K.D.布日古德

出 版 人／谢寿光
出 版 者／社会科学文献出版社
地　　址／北京市西城区北三环中路甲29号院3号楼华龙大厦
邮政编码／100029

责任部门／人文分社（010）59367215
电子信箱／renwen@ssap.cn
项目统筹／宋月华　范　迎
责任编辑／范　迎　王玉霞　梁　帆　张苏琴　胡　亮
责任印制／岳　阳
经　　销／社会科学文献出版社市场营销中心
　　　　　（010）59367081　59367089
读者服务／读者服务中心（010）59367028

印　　装／三河市尚艺印装有限公司
开　　本／889mm×1194mm　1/32　　印　　张／6.125
版　　次／2014年4月第1版　　　　　字　　数／104千字
印　　次／2014年4月第1次印刷
书　　号／ISBN 978-7-5097-5769-7
定　　价／35.00元

本书如有破损、缺页、装订错误，请与本社读者服务中心联系更换
▲ 版权所有　翻印必究